シリーズ福祉のすすめ 2

現代 児童家庭福祉のすすめ

馬場 茂樹・和田 光一 編著

学文社

執　筆　者

＊馬場　茂樹　つくば国際大学産業社会学部社会福祉学科教授（第２章）

＊和田　光一　創価大学文学部人間学科教授（第１章）

日高　洋子　早稲田大学文学学術院非常勤講師（第３章１～７）

横山　柾夫　山野美容芸術短期大学美容福祉学科非常勤講師（第３章8，第４章４）

椎名　清和　つくば国際大学産業社会学部社会福祉学科講師（第３章9）

飯野　惠城　つくば国際大学産業社会学部社会福祉学科教授（第４章１～３）

山本　哲也　つくば国際大学産業社会学部社会福祉学科准教授（第５章１）

高橋　幸成　東京都多摩児童相談所児童福祉係長（第５章２）

（執筆順＊は編者）

はじめに

わが国に，初めて児童の健全育成に対する責任と関係施策の展開が義務づけられたのは，1947（昭和22）年の「児童福祉法」である。児童福祉法第１条に「すべての国民は，児童が心身ともに健やかに生まれ，且つ，育成されるよう努めなければならない。すべての児童は，ひとしくその生活を保障され，愛護されなければならない」とされている。これは児童福祉の理念である。

しかし，この理念も現代社会においては，少子高齢社会，家族構造の変化などとともに，子育てや子どもの健全育成に重要な家庭，地域社会，学校などの環境が大きく変化してきていることによって再構築がせまられている。

少子高齢社会の進展や都市化により地域社会の人間関係は希薄化し，子どもの遊び場も少なくなることで，地域社会の育成機能が低下して久しい。核家族化や共働き世帯の増加によって，子育て機能の低下をもたらしたとともに，地域社会の希薄化により孤立した家庭での子育ては，母親に精神的なストレスを与え，児童虐待や育児放棄を招いている。また，女性の高学歴化や社会進出により，晩婚化や未婚率が増加している。いじめや不登校，非行の問題も複雑化，深刻化している。

従来の児童福祉は，保護や救済，援助，扶助を必要とする社会的弱者としての子どもやその家庭を対象としていたが，今日の子どもを取り巻く社会状況は複雑化してきており，特定の子どもや家庭を対象とするのではなく，将来の社会を担っていく，すべての子どもを対象としていくことが重要である。いわゆるウェルビーイング（well-being）の考え方である。

子どもが人間として尊重され，自己実現に向かって，よりよく生きるウェルビーイングを実現するために，子どもの生活基盤である家庭や，子どもを取り巻く地域社会をも視野に入れた施策を実施していこうとするのが児童（子ども）家庭福祉である。

本書においては，現代社会と子どもたちが置かれた環境を分析することによって，子どもが生まれながらに有している成長，発達の可能性を最大限に発揮できるよう「子どもの最善の利益」を追求し，支援していく体制を整備することが大切であるとの観点から，基本理念，目的，サービスの実際を分析し，課題などを中心としてまとめてある。

また，児童相談所など現場の豊富な経験をもとにした著者に，事例やサービスの実際をわかりやすく解説をしていただいた。したがって，保育士や児童関係の仕事を希望している学生，施設職員のための入門書として，必要な基礎的知識を習得できるように努めた。

さらに，本書の各章の終わりに，「考えてみよう」として演習課題を設けたので，より理解を深める意味で有効活用していただきたい。同時に，児童家庭福祉への関心をより一層深めるために，「読者のための参考図書」の解説も入れてあるので参考にしていただければ幸いである。

最後に，編者の怠慢で，延び延びになっていた「すすめシリーズ」の出版にあたり，叱咤激励をしていただいて，本書を世に送り出してくださった学文社の田中千津子氏に深く感謝申しあげたい。

2008年 2 月

馬場　茂樹
和田　光一

目　　次

第1章　児童家庭福祉の理念と権利保障

現代社会福祉の背景には，社会状況の変化，少子高齢社会の進行などの影響により，子どもを取り巻く環境の大きな変化のなかにある。近年，核家族化の進行など，子育てに対しての不安や負担感の高まり，家庭の教育力の低下や身近な地域において子育てを支える意識が弱まり，子育て家庭が孤立するなど子どもに与える影響が憂慮されている。その結果として児童虐待などの問題が表出している。また，高度情報社会といわれている現代において，利便性の高いメディアによって，日常生活の中で情報が氾濫してきている。子どもに与える影響や新しいメディアを使用した犯罪に巻き込まれることが懸念されている。子どもの健全育成に重要な環境が危機にさらされているといっても過言ではない。

これらの生活環境を取り巻く現状を分析し，児童家庭福祉のはたす役割をみていくことにする。

キーワード　**少子高齢社会，児童（子ども）家庭福祉，法制度，機関**

1．児童福祉と現代的背景

(1)　少子高齢社会

1）高齢社会

わが国が，国際連合に規定されている高齢化社会，すなわち65歳以上の人口比率７％以上の社会に到達したのは，1970（昭和45）年であった。その後も老齢人口比率は世界に類をみない速さで進行し，1994（平成６）年には，14％を越し高齢社会といわれるようになり，2005（平成17）年には20％に到達した。

また，この年から総人口の減少がみられるようになった。そして2015年には，26.0％，すなわち，４人に１人が65歳となると予測されている（図表１－１）。

このような人口の高齢化を進展させている要因としては，平均寿命の延伸による老齢人口の増加と出生率の低下による若年人口の減少が考えられる。

1995（昭和30）年の平均寿命は，男63.60歳，女67.75歳であった。それが

図表1-1 高齢人口の推移

（単位：千人，％）

年次	人口			総人口比	
	総数	65歳以上	75歳以上	65歳以上	75歳以上
大正9（1920）年	55,963	2,941	732	5.3	1.3
14（1925）年	59,737	3,021	808	5.1	1.4
昭和5（1930）年	64,450	3,064	881	4.8	1.4
10（1935）年	69,254	3,225	924	4.7	1.3
15（1940）年	73,075	3,454	904	4.7	1.2
25（1950）年	84,115	4,155	1,069	4.9	1.3
30（1955）年	90,077	4,786	1,388	5.3	1.5
35（1960）年	94,302	5,398	1,642	5.7	1.7
40（1965）年	99,209	6,236	1,894	6.3	1.9
45（1970）年	104,665	7,393	2,237	7.1	2.1
50（1975）年	111,940	8,865	2,841	7.9	2.5
55（1980）年	117,060	10,647	3,660	9.1	3.1
60（1985）年	121,049	12,468	4,712	10.3	3.9
平成2（1990）年	123,611	14,895	5,973	12.0	4.8
7（1995）年	125,570	18,261	7,170	14.5	5.7
12（2000）年	126,926	22,005	8,999	17.3	7.1
17（2005）年	127,756	26,820	12,169	21.0	9.5
22（2010）年	127,473	28,735	13,792	22.5	10.8
27（2015）年	126,266	32,772	15,735	26.0	12.5
32（2020）年	124,107	34,559	17,666	27.8	14.2
37（2025）年	121,136	34,726	20,260	28.7	16.7
42（2030）年	117,580	34,770	20,972	29.6	17.8
47（2035）年	113,602	35,145	20,453	30.9	18.0
52（2040）年	109,338	36,332	20,089	33.2	18.4
57（2045）年	104,960	36,396	20,355	34.7	19.4
62（2050）年	100,593	35,863	21,616	35.7	21.5

注）昭和15～平成17年の総人口には年齢不詳を含む（平成17年は推計値）。
出所）平成17年以前は，総務省統計局「国勢調査」，平成22年以降は国立社会保障・人口問題研究所「日本の将来推計人口（平成14年1月推計）」

2004（平成16）年では，男性78.64歳，女性85.59歳と世界一の水準を誇っている。こうした高齢化・長寿化の要因として，① 食生活の改善，② 医療サービスの普及，③ 乳幼児死亡率の低下などがあげられる（図表1-2）。

わが国の高齢化の特徴は，世界の各国に比べて，① ピーク時老齢人口の割合が多い，② 高齢化のスピードが速い，などといわれており，早急に対策が

図表１－２　平均寿命の推移

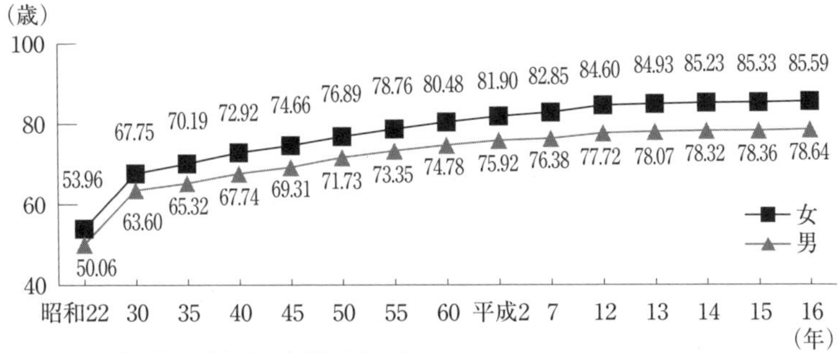
（歳）
100
80
60
40
53.96
67.75
70.19
72.92
74.66
76.89
78.76
80.48
81.90
82.85
84.60
84.93
85.23
85.33
85.59
50.06
63.60
65.32
67.74
69.31
71.73
73.35
74.78
75.92
76.38
77.72
78.07
78.32
78.36
78.64
女
男
昭和22　30　35　40　45　50　55　60　平成2　7　12　13　14　15　16
（年）

出所）　厚生労働省「生命表」,「簡易生命表」

必要になっている。また，75歳以上の高齢者の割合が，2020年には14.2％となると予測されている。この後期高齢者の増加は，寝たきり老人や身体的・精神的に虚弱な高齢者の増加に結びつくと考えられ，介護の問題がより大きな社会問題となっている。今後の介護保険制度が重要なものとなってくる。

２）少子化の進行

わが国においては，2005（平成17）年の合計特殊出生率が前年の1.29を下回り，1.26と過去最低を更新するなど，急激な少子化の進行が続いている（図表１－３）。

合計特殊出生率

ある年次について再生産年齢（15歳から49歳まで）の女性の年齢別出生率合計したもので，一人の女性が一生の間に生むことになる子どもの数を示す値である。総人口が増えも減りもしない均衡状況の状態は2.08といわれている。

総人口も減少し，自然増加はマイナスとなり，わが国の人口は減少局面に入りつつあるとみられている。

少子化の問題は，丙午で出生が減少した1966（昭和41）年の水準を1989（平成元）年の出生率（1.57）が下回った，いわゆる「1.57」ショックが契機となって広く知られるようになった。

図表１－３　出生数および合計特殊出生率の年次推移

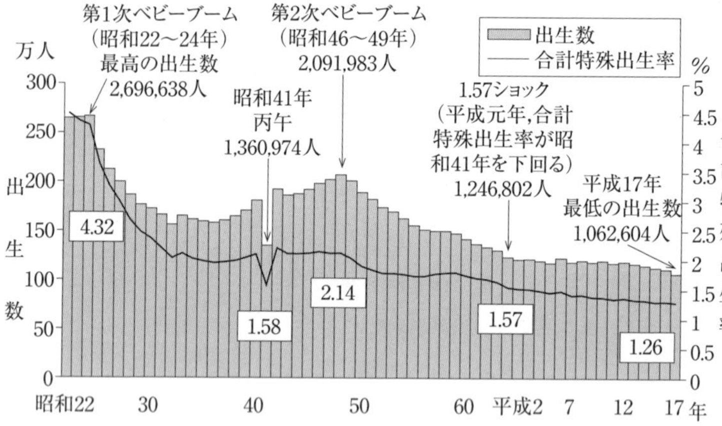
第1次ベビーブーム
（昭和22～24年）
最高の出生数
2,696,638人
第2次ベビーブーム
（昭和46～49年）
2,091,983人
出生数
合計特殊出生率
万人
%
昭和41年
丙午
1,360,974人
1.57ショック
（平成元年,合計
特殊出生率が昭
和41年を下回る）
1,246,802人
平成17年
最低の出生数
1,062,604人
出生数
合計特殊出生率
4.32
1.58
2.14
1.57
1.26
昭和22
30
40
50
60
平成2
7
12
17
年

出所）厚生労働省

少子化がわが国に与える影響についての調査では，高齢化の進展に伴う現役世代の負担の増大が80.3％となっている。家族機能の変化37.7％，子どもの健全な成長への妨げが30.4％になっている（図表１－４）。

近年における出生率の減少の原因としては，乳幼児死亡率が低下したこともあり，少ない子どもを大切に育てたいという一般的な風潮（多産多死から少産少死へ）や，高学歴化や女性の職場進出などにより，晩婚・晩産化が進み，出産する期間が短くなっていることがあげられる。

そのために，1995（平成７）年からはエンゼルプラン，2000（平成12）年からは新エンゼルプランなどに基づき，各種サービスの充実を中心として，子どもを生み育てようとする者が生み育てやすいようにするための環境整備に力点を置く対策が実施されてきた。しかしながら，これらの政策的な努力も急速な社会の変化に追いついていかず，出生率の低下は進んでいる。

出生率の社会的背景をまとめてみると，次のような課題がみえてくる[1]。

①　働き方の見直しが進んでいないこと

わが国では，子育て期にある30歳代の男性４人に１人が月60時間以上残業し

図表１-４　少子化がわが国に与える影響（M. A）

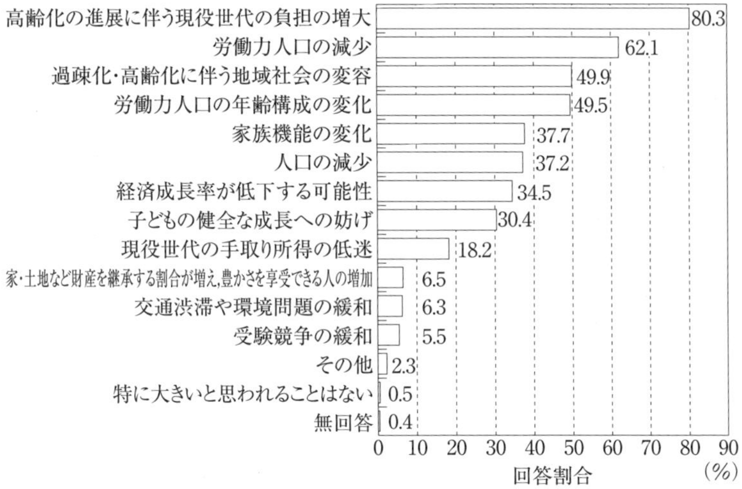

高齢化の進展に伴う現役世代の負担の増大 80.3
労働力人口の減少 62.1
過疎化·高齢化に伴う地域社会の変容 49.9
労働力人口の年齢構成の変化 49.5
家族機能の変化 37.7
人口の減少 37.2
経済成長率が低下する可能性 34.5
子どもの健全な成長への妨げ 30.4
現役世代の手取り所得の低迷 18.2
家·土地など財産を継承する割合が増え,豊かさを享受できる人の増加 6.5
交通渋滞や環境問題の緩和 6.3
受験競争の緩和 5.5
その他 2.3
特に大きいと思われることはない 0.5
無回答 0.4
0 10 20 30 40 50 60 70 80 90
回答割合
(%)

注）　有職者に対するアンケート調査による。
出所）　1997（平成９）年度厚生科学研究「少子化社会における家族等のあり方に関する調査研究」

ている状況にあるなど，長時間労働の傾向，職場優先の風潮が強く，育児期に子どもに関わる時間を十分もつことができない職場のあり方，働き方となっている。このような働き方が影響して，わが国の男性が家事や育児に費やす時間はほかの先進国に比べ最も低い。子育ての負担は，女性の方に集中している。

さらに，職場の雰囲気から育児休業を取得できないと答える女性が多いなど，育児休業制度など子育てと就業の両立をめざした諸制度が十分に機能していない状況が生じている。

②　子育て支援サービスが十分に行き渡っていないこと

エンゼルプランや「待機児童ゼロ作戦」によって保育所の定員は増加したものの，依然として，都市部を中心に保育所待機児童が多数存在するなど保育サービスがどこでも十分に行き渡っている状況とはなっていない。それに加え，地域共同体の機能が失われる中で，一時保育や地域子育て支援センターなど地域の子育てを支えるサービスの普及が住民ニーズに追いつかず，母親は，孤立した子育てを余儀なくされている。

③ 若者が社会的に自立することがむずかしい状況となっていること

若年者の雇用環境は15～24歳の失業率が10%を超えるなど激しい状況が続いており，フリーターやニートとよばれる若者の数も高い水準にある。雇用の不安定な若者は経済的にも，子どもを育てていくことがむずかしいこと。

また，少子化は，社会全体に計り知れない大きな影響を与えるが，特に経済面を中心にマイナスの影響が強いといわれている。このようなマイナスの影響をできるだけ少なくするために，人口成長を前提として組み立てられてきたこれまでの社会のさまざまな枠組みを新たな時代に適合したものへと早急に組み換えることが求められている。

(2) 地域社会の変化（過疎化・過密化）

戦後の経済成長において，わが国の国民総生産や国民所得は，飛躍的な成長を遂げてきた。その規模の大きさは，今でも世界で上位にランクされている。

その反面，公害などの環境破壊とともに，伝統的な共同体的コミュニティの機能の低下をもたらした。

工業化，都市化の進展につれ，人口が都市部に集中し，過密化現象を引き起こし，地方においては，過疎化の問題を引き起こして社会的な課題が表面化してきている。過疎地域においては，若者が都市部へ流出し，高齢者だけの家庭が多くなり生活基盤の見直しを迫られている。農村部での子育ては，経済的に豊かでなくても豊富な自然と人情の中で行われることが多く，都市部に比べての負担は比較的少ないと考えられている。しかし，現実には，交通網の発達やマスコミなどの情報通信の発達により，都市中心的な価値観やライフスタイル，娯楽や文化が農村部にも浸透してきている。

一方で，都市はますます過密化され，子どもの遊び場，公園なども少なくなってきている。自然環境が失われ，遊び場も少ないことから，子育てや子どもの遊びも室内で行われるようになり，子どもは電子ゲームを中心とした遊びになっている。また，ウサギ小屋などといわれたように住宅事情にも問題がある。住宅の狭さ，高層化，過密化である。このような都市部における住宅事情の悪化は，そこに住む人々の生活環境に大きな影響を与えている。

特に高層住宅地域や郊外住宅地域では，マイホーム主義や個人主義的生活様式の志向が強く，近隣同士の結びつきや共同体意識がきわめて希薄化しており，人々の孤立化をもたらしている。そのため子育てに関して地域住民が協力しあうことも少なく，子ども同士が集団的遊びをするということも少なくなってきている。コミュニティの機能も弱くなってきており，連帯性の低下が目立っている。

(3)　家族構造の変化（核家族化）

わが国にとって伝統的であった「家」制度は，戦後の民法改正によって事実上廃止になり，その後の経済成長や都市化などに伴って，夫婦とその子どもからなる「核家族」が台頭してきた。以前の家族・親族が果たしてきた役割や機能を社会的に整備することが遅れたり，核家族化が急激に進行してきたために，各種の家族問題に発展してきている。特に，核家族化とともに家族構成員の少人数化，きょうだい数の減少となる少子化傾向は依然として続いている。

わが国の家族の平均数は，いまや2人を割っており，ひとりっ子も増えている。このような少子化は，子どもの他人に対する思いやり，社会的な協力などを弱くさせているといわれている。自己中心的な性格や情緒的に未成熟な子どもに成長する可能性もあり，大人の配慮が必要となっている。きょうだい数の減少は，母子関係，父子関係などの親子関係にも影響を与え，子どもに対する母親の過保護，過干渉，過剰期待などをもたらしやすい。また，父親の役割の希薄化や権威の喪失にもつながり，子どもの性格形成の遅れ，家庭内暴力，登校拒否などの一因になっているともいわれている。

女性の就労の増加は，さらに家族の機能の低下を招いているといわれている。

図表１－５　世帯構造別にみた世帯数の年次推移

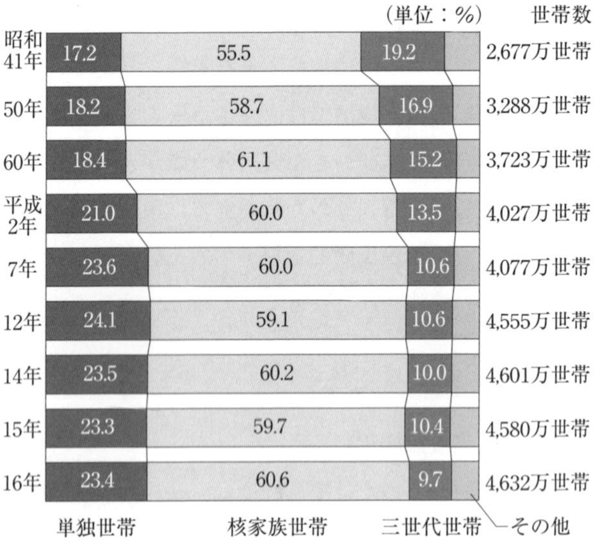
（単位：％）
世帯数
昭和41年
17.2
55.5
19.2
2,677万世帯
50年
18.2
58.7
16.9
3,288万世帯
60年
18.4
61.1
15.2
3,723万世帯
平成2年
21.0
60.0
13.5
4,027万世帯
7年
23.6
60.0
10.6
4,077万世帯
12年
24.1
59.1
10.6
4,555万世帯
14年
23.5
60.2
10.0
4,601万世帯
15年
23.3
59.7
10.4
4,580万世帯
16年
23.4
60.6
9.7
4,632万世帯
単独世帯
核家族世帯
三世代世帯
その他

出所）　厚生労働省「国民生活基礎調査」

世帯構成別に，世帯数の年次推移をみてみると核家族世帯が2002（平成14）年においては60.2%にもなっている。単独世帯，単親世帯および高齢者世帯が増加しつつあるが，今後もこの傾向が続くと予測される（図表１－５，図表１－６）。

総体的に，家庭機能は弱体化の傾向にあるが，今後は生活様式の個別化，多様化などによって，家庭ごとによる生活スタイルの相違が促進されるだろう。

(4)　子どもを取り巻く環境

前述したように，子どもを取り巻く環境は，社会情勢や経済状況の変化，少子高齢化の進行などの影響により，大きな変化の中にある。その背景には，性別役割分業を前提とした職場優先の企業風土，核家族化や都市化の進行により，仕事と子育ての両立における負担感が増大していることや，子育てそのものの負担感も増大していることなどがあげられる。

図表１－６　平均世帯人員の推移

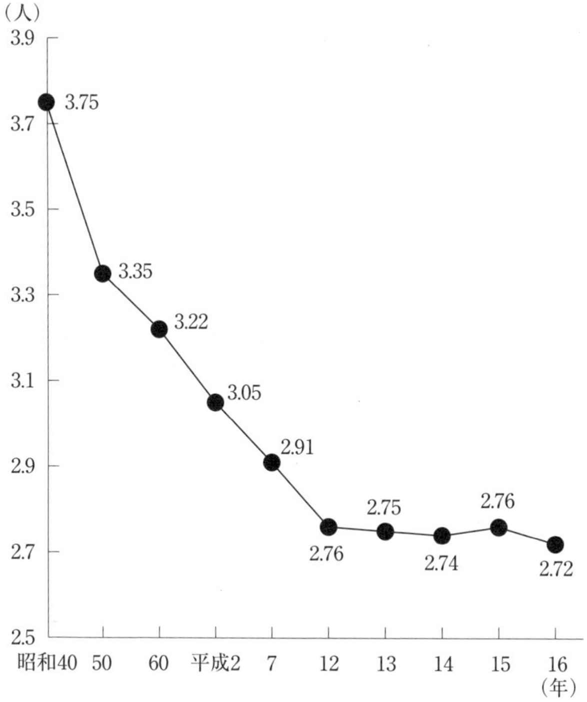
（人）
3.9
3.7
3.5
3.3
3.1
2.9
2.7
2.5
3.75
3.35
3.22
3.05
2.91
2.76
2.75
2.74
2.76
2.72
昭和40
50
60
平成2
7
12
13
14
15
16
（年）

出所）　厚生労働省「国民生活基礎調査」

近年，核家族化の進行などを背景として，子育てに対しての不安や負担感の高まり，家庭の教育力の低下や身近な地域において子育てを支える意識が弱まり，子育て家庭が孤立するなど，子どもと家庭，その周囲の身近な地域をめぐる関係が子どもに与える影響が憂慮されている。また，障害をもつ子どもの親や子ども自身に対するきめ細かな配慮が求められている。

女性の労働力人口比率を年齢別にみると，30歳前半を底とするM字型をしていることが特徴的であり，結婚，出産，子育てが就業の継続に影響を与えている。しかし，年次推移でみると徐々にではあるが全体的に労働力人口比率が上昇するとともにＭ字カーブもなめらかになっている。このことは，結婚，出

図表１－７　現代社会の社会福祉の諸問題

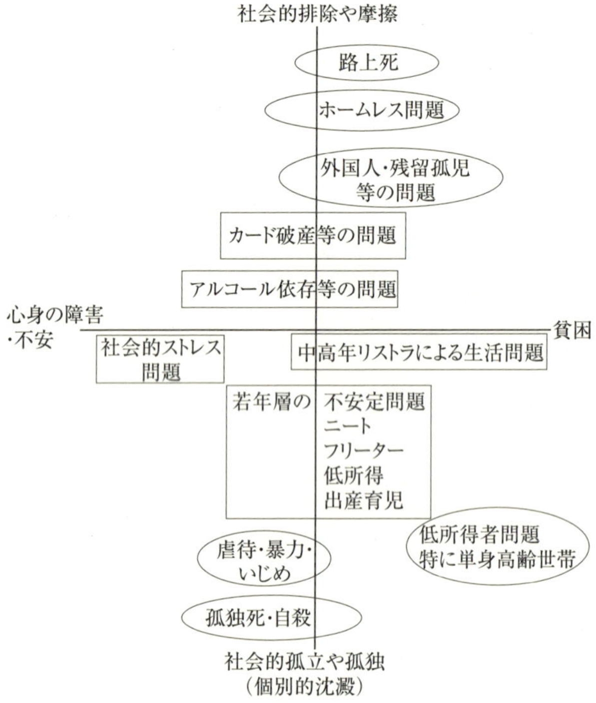
社会的排除や摩擦
路上死
ホームレス問題
外国人・残留孤児等の問題
カード破産等の問題
アルコール依存等の問題
心身の障害・不安
貧困
社会的ストレス問題
中高年リストラによる生活問題
若年層の不安定問題
ニート
フリーター
低所得
出産育児
低所得者問題
特に単身高齢世帯
虐待・暴力・いじめ
孤独死・自殺
社会的孤立や孤独
（個別的沈澱）

注）１．横軸は貧困と，心身の障害・不安に基づく問題を示すが，縦軸はこれを現代社会との関連で見た問題性を示したもの。
２．各問題は，相互に関連しあっている。
３．社会的排除や孤立の強いものほど制度からも漏れやすく，福祉的支援が緊急に必要。

産後も働き続ける女性が増加していることの表れでもある。女性の社会進出が進む中で，家庭での家事や子育ての役割は，依然として女性が担っており，男女がともに子育てをしていく意識づくりや社会的支援の仕組みが必ずしも整備されているとはいえない。

インターネットなどの新しいメディアによって，社会の情報化が進み，情報が氾濫しており，非行や犯罪を誘発しそうな情報を含め，子どもに与える影響や携帯電話のメールなど新しいメディアを利用した犯罪に子どもが巻き込まれることなどが懸念されている。また，援助交際，薬物乱用，凶悪犯罪の増加など，子どもがかかわる事件が報道等で大きく取り上げられることなどをきっかけとして，子育てや健全育成に社会的関心が集まっている。

これらの分析視点として，縦軸に社会的排除や摩擦（＋）と社会的孤立や孤独（－）とし，横軸に心身の障害・不安（精神的なもの）と貧困（物質的なもの）とに分けてみれば図表１－７のようになる。子どもの問題を考えれば，心身の不安と社会的孤立や孤独の軸にあるのは，ストレスや若年層の不安定問題，虐待・いじめなどになり，もっとも孤独感の強いものとして自殺などが考えられる。

(5) 子どもにとっての家庭・地域・学校

家庭では，父親が会社で遅くまで仕事，母親は仕事や家事で忙しく，一方では，子どもは学校や学習塾などの習い事で忙しいなど，家庭での会話や交流する時間が減少しており，家庭内での父親や子どもの担う役割がなくなってきている家庭が多く見受けられる。これらが，父親の子育てへの参加意識や子どもが自ら進んで物事に取り組む意識の低下をもたらす一因となっている。また，「過保護」「過干渉」といった対応も見受けられ，子どもの主体性や自主性が摘まれてしまっている。

また，親の世代についても，地縁関係や家庭における人間関係が希薄化していく中で育ったことなどが考えられるため，地域のおとなたちも子どもやその周囲の身近な地域と，どのようにかかわってよいのかわからなくなっている傾向があると思われる。

最近の子育て家庭では，子育てについて確固たる方針や自信をもてないで，悩んでいる親が増加している傾向があり，家庭の教育力の低下を招いている。このため，育児に関するノウハウがわからなかったり，子育てについて気軽に相談できる相手がいなかったり，父親の子育てへの協力が十分に得られなかったりなど，さまざまな問題が表出している。また，子育て中の母親が社会から

図表1-8　児童をめぐる諸問題と児童の健全育成

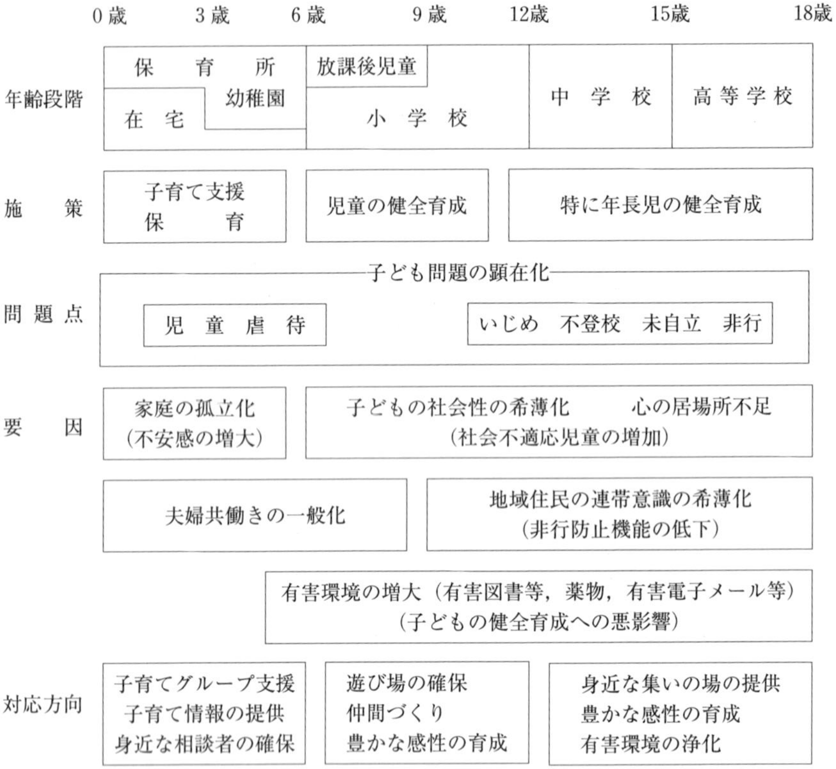
0歳
3歳
6歳
9歳
12歳
15歳
18歳
年齢段階
保育所
在宅
幼稚園
放課後児童
小学校
中学校
高等学校
施策
子育て支援
保育
児童の健全育成
特に年長児の健全育成
問題点
子ども問題の顕在化
児童虐待
いじめ　不登校　未自立　非行
要因
家庭の孤立化
(不安感の増大)
子どもの社会性の希薄化　心の居場所不足
(社会不適応児童の増加)
夫婦共働きの一般化
地域住民の連帯意識の希薄化
(非行防止機能の低下)
有害環境の増大（有害図書等，薬物，有害電子メール等）
(子どもの健全育成への悪影響)
対応方向
子育てグループ支援
子育て情報の提供
身近な相談者の確保
遊び場の確保
仲間づくり
豊かな感性の育成
身近な集いの場の提供
豊かな感性の育成
有害環境の浄化

出所）馬場茂樹・和田光一編『現代社会福祉のすすめ』学文社，2006年，135ページ

孤立し，育児ノイローゼが生じ，児童虐待につながるケースもみられる。

学校においては，盛りだくさんのカリキュラムをこなしていくため，忙しく，教師と子どものコミュニケーションを深める時間が少なくなり，そのかかわり方も希薄となってしまうなど学校教育がゆとりのないものとなってきている。また，詰め込み教育などによって，子どもを「できる子」「できない子」に振り分ける傾向があり，競争と選別で子どもを管理していることで，いじめ，不登校などの問題を誘発している。子どもは，日常生活の中にゆとりがなく，子どもが他人の立場になって考えることや言葉や行動できちんと相手に伝える力

を身につけることなど，自分の価値や役割を見いだしていくといった場や時間が十分に得にくい状況にある

今日の学校教育は，校則などによる管理主義教育を基調にしていることも，子どもから自主性，創造性が疎外されている要因であろう。

このような社会や子どもにとって身近な環境の変化は，さまざまな影響を与えている。また，子ども自身の発育が早まっているのに対し，子ども自身の社会性の発達の遅れなどが指摘されていたり，自己決定や自己責任の機会，主体的な社会参加や体験等の機会が不足しており，そのため自己中心的になったり，短絡的になったりしやすい傾向が出現している。

仲間と交流する機会も少なく，十分なコミュニケーションやスキンシップが図りにくいため，おとなになってからも良好な人間関係を作り出すことがむずかしくなってきている。これらを総合して，子どもをめぐる現代社会の問題点，要因をまとめてみれば図表１－８のようになる。

２．社会福祉と児童家庭福祉

社会福祉という言葉がわが国で初めて公式に用いられたのは，1946（昭和21）年に制定された日本国憲法第25条第２項においてである。「国は，すべての生活部面について，社会福祉，社会保障及び公衆衛生の向上及び増進に努めなければならない」と規定している。この規定により，社会福祉が法制度として明確にされたが，社会福祉，社会保障，公衆衛生それぞれの内容については触れられていない。

これらの言葉は日常用語として一般的にさまざまの場面で用いられているが，国民の間に必ずしも共通の理解が出来上がっているわけではない。福祉という語源は宗教的意味合いとして，「福」と「祉」は，ともに神の加護の下で幸せな生活を営める状態をさす（漢字語源辞典）。

したがって，社会福祉は，「共同体に集う人々がともに連帯して，幸せな生活を追求し，それを守ること」となるだろう。

社会福祉に関する英語として「ソーシャルウェルフェア」(social welfare) と訳される。

Social は社会，共同体，welfare は well と fare の合成語である。Well は満足なことを表す言葉であり，fare は飲食物や状態，運命を意味している。結果として幸福とか福祉，繁栄などを意味している。したがって，social welfare は，「社会の人々の健康で幸せな日常生活をもたらすあるいは実現するための社会施策・支援活動」と規定することができる。

最近では，social welfare は貧困者等の生活弱者に対する救済・保護的福祉といわれる事後的な福祉サービスであると考えられている。より積極的に個々の自己実現を思考する概念であり，予防も含めた増進的福祉，すなわち健康性，充足性や幸福性を包括する概念としてウェルビーイング（well-being）という表現が用いられるようになった。[2)]

児童においてのこの考え方は，子どもの最善の利益を考えるとともに意見表明権などの利用者の意思を尊重した問題の把握やサービスの枠組みが必要となり，主体的意思を尊重した福祉観が強く意識された。児童福祉は，児童の保護を中心とした福祉サービス体系であったが，今日では問題の発生原因を個人に求めるのではなく社会的な問題としてとらえ，対応についても社会的な枠組みの中でとらえる福祉サービスの普遍化あるいは一般化といわれるようになった。

1989（平成元）年に「児童の権利に関する条約」が国連で採択され，1994（平成 6 ）年の「家族から始まる小さなデモクラシー」をスローガンとした国際家族年において，家族の中で一人ひとりの人権が尊重されなければならないという理念のもとに，子どもを健やかに生み育てる環境づくりを重視した展開が求められている。つまり，子どもの成長と福祉にとっては家庭が重要な意味をもつこと，そのためには子どもと家庭を一体として支援する必要があるとの考えで児童（子ども）家庭福祉といわれるようになった（図表 1 - 9 ）。

図表１－９　伝統的な「児童福祉」と新たな「子ども家庭福祉」

項　目	児童福祉	子ども家庭福祉
理　念	ウエルフェア 児童の保護	ウエルビーイング（人権の尊重・自己実現） 　子どもの最善の利益 　自己見解表明権 自立支援 　エンパワメント 　ノーマライゼーション
子ども観	私物的我が子観	社会的我が子観
対　象	児童	子ども，子育て家庭（環境）
サービス提供のスタンス	供給サイド中心	自立支援サービス 利用者サイドの権利の尊重
モデル	Illness model	Wellness model
性格・特徴	救貧的・慈恵的・恩恵的(最低生活保障)	権利保障（市民権の保障）
	補完的・代替的	補完的・代替的 支援的・協働的（パートナー）
	事後処理的	予防・促進・啓発・教育 （重度化・深刻化を防ぐ）
	行政処分・措置	行政処分・措置（個人の権利保障を担保） 利用契約
	施設入所中心	施設入所・通所・在宅サービスのコンビネーション ケースマネジメントの導入 セイフティ・ネットワーク（安全網）
費　用	無料・応能負担	無料・応能負担・応益性の強まり
対　応	相談が中心	相談・トリートメント・家族療法等
権利擁護	消極的	積極的 子どもの権利擁護サービス（救済・代弁・調整） ・子どもの権利・義務ノート等の配布 ・ケア基準のガイドライン化 ・子ども虐待防止の手引き

出所）高橋重宏編『子ども家庭福祉論』放送大学教育振興会，1998年，13ページ

3．児童家庭福祉の理念

(1) 児童家庭福祉の考え方

① わが国の児童家庭福祉の理念を明文化した児童福祉法（1947年）では，

第１条 すべて国民は，児童が心身共に健やかに生まれ，且つ，育成されるよう努めなければならない。

２ すべて児童は，ひとしくその生活を保障され，愛護されなければならない。

第２条 国及び地方公共団体は，児童の保護者とともに，児童を心身ともに健やかに育成する責任を負う。

第３条 前２条に規定するところは，児童の福祉を保障するための原理であり，この原理は，すべての児童に関する法令の施行にあたって，常に尊重されなければならない。

と児童の健全育成と権利保障，国，地方公共団体の責務などを述べている。

また，児童憲章〔1951（昭和26）年〕においても，その前文では，

児童は，人として尊ばれる。

児童は，社会の一員としておもんぜられる。

児童は，良い環境のなかで育てられる。

と簡潔に子どもの見方を明らかにしている。これらの理念は，受動的な表現で子どもが保護され，育成される存在であり，子どもが社会から保護される権利を有することが明確に述べられている。ここに示される児童家庭福祉の基本理念は，大人や社会は子どもを守り，育む義務を有するというものである。

子どもの養育の基本は，保護者（父母）を養育責任とし，さらに国，地方公共団体の公的責任のもとに進められると明記してある。公的責任については，児童福祉法を中心とする法制度によって保障されている（児童福祉法第２条）。

子どもにとってより望ましい生活や発達を保障する立場から子どもと大人を区分する重要性や必要性が指摘され，児童福祉や青少年保護育成の制度が整っ

てきたのである。子どもの定義においては，「子どもとは何か」が問われることが多い。一般的には，年齢を基準とした考え方と社会成熟度のようなものを基準とした考え方もある。家庭児童福祉では，子どもは，生存し，発達し，自立しようとする主体としてとらえる。こうした考えは，1959（昭和34）年に国連で採択された「児童の権利に関する宣言」にみられる。

児童憲章

1951（昭和26）年5月5日のこどもの日に児童憲章制定会議が制定・宣言したわが国における児童宣言である。3ヵ条の総則と本文12ヵ条から成り，今日でもわが国の児童家庭福祉の理念の一つとしている。5月5日のこどもの日はここからきている。

また，1989（平成元）年に国連が採択した「児童の権利に関する条約」は，こうした児童福祉の基本的考えを受け継いでいるが，明確に理念をうたった項目はない。子どもが一つの固有の人格であること，子どもは受動的権利のみならず，能動的（主体的）権利をもった存在であること，子どもへのかかわりにおいては，常に子どもの最善の利益が考慮されなければならないことが定められている。とりわけ，意見表明権，表現の自由，思想信条の自由など権利行使の主体としての子ども観を鮮明に打ち出した点において画期的なものとなっている。保護され育成される権利だけでなく，子どもが自分自身で考え行動することを尊重することでもある（図表1-10）。

わが国においては，1994年（平成6）年に締結している。条約は憲法を除くすべての法律に優先的に対応することから，国内の子どもをめぐる施策は，子どもの権利条約を意識して実施される必要がある。

また，この条約は，報告審査制度とよばれる条約の実施確保のしくみをもっていることから，定期的に子どもの権利状況を国連に報告し，子ども権利委員会で審査し，報告することになっている。5年ごとの報告でわが国は2006年に2回目の報告・評価があった。その評価において，① 非摘出子に対する民法上の差別が改善されていない，② 子どもの意見の尊重や参加に関する権利が

図表１-10　児童の権利に関する条約にみる子どもの権利内容の構成

生命権、生存・発達の確保［６］ ― 名前・国籍の取得権［７］

- **生存**
  - 健康・医療への権利［24］
  - 医療施設に措置された子どもの定期的審査［25］
  - 社会保障への権利［26］
  - 生活水準への権利［27］
- **発達**
  - 家庭的な環境への権利
    - 親を知る権利［７］，アイデンティティ保全［８］，親からの分離禁止［９］，家族再会出入国の自由［10］，国外不法移送防止［11］，親の第一次的養育責任［18］，代替的養護［20］，養子・縁組［21］
  - 教育への権利［28］［29］
  - 休息・遊び・文化的芸術的生活への参加権［31］
- **保護**
  - 親による虐待・放任・搾取からの保護［19］
  - 経済的搾取・有害労働からの保護［32］
  - 麻薬・向精神薬からの保護［33］
  - 性的搾取・虐待からの保護［34］
  - 誘拐・売春・取引の防止［35］
  - ほかのあらゆる形態の搾取からの保護［36］
  - 自由を奪われた子どもの適正な取扱い［37］
  - 少年司法に関する権利［40］
- **参加**
  - 自己決定・自立
    - 意見表明権［12］
    - プライバシー・通信・名誉の保護［16］
  - 市民的参加
    - 表現・情報の自由［13］
    - 思想・良心・宗教の自由［14］
    - 結社・集会の自由［15］
    - マスメディアへのアクセス［17］
- **特に困難な状況下の子ども**
  - 難民の子どもの保護・援助［22］
  - 障害児の権利［23］
  - 少数者・先住民の子どもの権利［30］
  - 武力紛争による子どもの保護［38］
  - 犠牲になった子どもの心身の回復・復帰［39］

注）［　］のなかの数字は条文番号を指す（喜多明人作成）。
出所）喜多明人「子どもの権利条約」市川昭午・永井憲一監修『子どもの人権大辞典』エムティ出版，1997年，322ページ

制限されていることへの懸念と改善勧告が出されている。

児童の権利に関する条約（子どもの権利条約）

1989（平成元）年10月に国際連合が採択し，翌年9月から発効した児童に関する総合的な条約である。前文と54条からなる。18歳未満の児童が有する権利について規定しており，人権保障を前提とし，能動的権利を明確にしている点で画期的であるといわれている。現在では世界のほとんどの国で条約を批准している。日本は158番目に批准。

評価などに示された考え，すなわち「子ども権利保障」が児童家庭福祉の基本的考え方である。その他には，ウェルビーイングや自立などがあると思われる。

② ウェルビーイング（well-being）

ウェルビーイング（健幸）とは，「個人の権利や自己実現が保障され，身体的，精神的，社会的に良好な状態にあること」すなわち，利用者の主体性や生活の全体性を強調し，積極的に支援を展開することである。展開とは，子どもの育つ力を信じそれを支援していくこと。子どもの最善の利益を図るための予防を含めたプログラムを重視するというサービスのあり方にかかわる姿勢である。福祉というものが，「最低限度」ではなく，「健康で文化的な」生活に重きを置くことである。人間らしい生活をより積極的に実現していくために「ウェルフェア（事後処理的な対応）」から「ウェルビーイング（予防，人権の尊重，自己実現）へ」という考えが主張されている。これまで社会福祉に対する用語として使われていたウェルフェアは，経済的貧困を中心に対処するサービスだけのように受け止められがちであったがもっと積極的にすべての国民の安寧（幸福・健康）としての自己実現や人権を社会的に保障すべく，所得保障や生活保障のためのサービスはもとより，予防・啓発などを含めた人間的に豊かな生活を送れるように支援する福祉観がウェルビーイングである。

③ 自　立

自立は，ウェルビーイングを実現するための人間のありようである。従来の自立は，経済的自立を中心として，身体的自立，精神的自立，社会的自立などを検討してきた。

自立とは，「何でも自分がする」というのではなく，必要な人的，物的な資源を用いて自分らしく生きるということである。自分で選択し，必要に応じて主体的にサービスの利用決定を行うことである。社会福祉では，福祉サービスを利用しないだけが自立ではなく，エンパワメントや自己決定能力を向上させていくプロセスと手段を重視することも重要である。

(2) 子どもとは何か

子どもの定義においては，「子どもとは何か」が問われることが多い。一般的には，年齢を基準とした考え方と社会成熟度のようなものを基準とした考え方がある。

子どもという時期は，成熟性，分別生，自立性という点で十分でないという発達特徴をもっているといわれている。つまりおとなからみると弱者であり，劣者であるといえる。

子どもという本質的な意味は，自立しているかどうかでの判断であろう。すなわち，自立途上の人間ということになる。おとなと子どもを区別する必要性や基準は，個人的自立と社会的自立がなされているかどうかである。子どもの段階とそれ以降の段階とを区分すると以下のようになる[3]。

個人的自立

① 身体的成熟（発育や体力のピーク，またはそれに近づく性的成熟）

② 心理的成熟（思慮，分別，判断，適応がほぼ自力で可能）

社会的自立

① 社会的認知（通過儀礼）

② 社会的制約（責任，義務，扶養等）

子どもにとってより望ましい生活や発達を保障する立場から子どもとおとなを区分する重要性や必要性が指摘され，児童福祉や青少年保護育成の制度が整ってきたのである。

児童家庭福祉では，一般的に子どもを次のような存在としている。

① 一つの独立した人格であること。

② 受動的権利（保護される権利）と同時に能動的権利（個性を発揮する権利）も有すること。

③ 成長する存在であり，それを家族や社会から適切に保障されるべきこと。

としている。家庭児童福祉では，子どもは，生存し，発達し，自立しようとする客体としてとらえている。

また，わが国においては，子どもを18歳未満とする場合と，20歳未満とする考え方がある。「児童（子ども）」の定義は，法・制度の目的により，若干違いがあるが，基本的には，児童福祉法第４条に規定するとおり，「満18歳に満たない者」である。児童家庭福祉の分野は，児童福祉法に基づく施策・実施体制が中心となるため，児童福祉法の規定に従い18歳未満を児童（子ども）としている。児童福祉法では児童を，乳児（０歳），幼児（１歳から小学校入学まで），少年（小学校入学から18歳に達するまで）に区分している。

４．児童家庭福祉の活動

従来の児童福祉は，何らかの問題や障害が生じた子どもに対して，また子育て上，何らかの問題や困難さが存在している親などの保護者に対して，必要な施策やサービス活動を行うことに主眼がおかれた。しかし，子どものおかれている問題の多様化，複雑化に伴って，児童家庭福祉の活動も多様化・複雑化している。これらを整理する場合は，アメリカのＡ.カドゥシン（Kadushin Alfred）を参考に支援的（support），補完的（supplement），代替的（substitute）サービスを基本的に分類すると理解しやすい。

障害や問題をもつ子どもの支援（児童相談所などにおける相談），子どもの生活や養育の一部を補う補完（保育所におけるケアなど），非常に保護性の高い代替（入所施設におけるケア），まで含まれる。基本的には，この順によって公的な責任が重くなってくる。特に障害や問題を抱える子ども家庭に代わって養育をする「代替」サービスは，児童家庭福祉の基本である[4)]。

児童家庭福祉には，子どもの問題や障害の発生を防止することや子どもが健やかに生まれ育つことができるような，積極的な福祉サービス活動が求められる。その内容として，予防的（prevention），増進的（promotion），普及的（popularization）サービスである。

わが国の福祉の内容をあてはめると事前発生予防のための「予防」（非行防止など），心身の健康や発達「増進」（児童館での遊びなど），そして子どもを愛護し健やかに育成する思想・理念の「普及」（児童憲章，児童の権利に関する条約の実践など）が含まれる（図表１-11）。

１）普及（popularization）のための活動

子どもを愛護し，健やかに育成するための思想・理念の普及を図る諸活動である。

具体的には，① 子どもに関する諸々の大会や関係出版物などを通して行う情報提供，愛護・育成への啓蒙，② 児童福祉週間における具体的な行事の開催，③ 母の日や家庭の日に対する呼びかけ，啓蒙，④ 母子保健向上のための保健衛生の普及・向上ならびに出産・育児に関する知識の普及などがある。

２）増進（promotion）のための活動

児童福祉の思想・理念の普及活動をより具体的に実施するための諸々の活動である。

具体的には，① 国の諸活動，② 児童更生施設（児童館など）における活動，③ 子ども会活動，④ 母子保健の推進，⑤ 児童手当の支給などがある。

３）予防（prevention）のための活動

これは「推進」のための活動と表裏一体関係にあり，胎児および児童の発達上の障害や問題の発生予防に関する諸活動である。具体的には，① 妊産婦・新生児などの健康診査と保健指導，② 障害児の発生予防・研究，③ 児童の発達・生活を疎外する要因の予防（児童虐待，非行，いじめ，不登校など）など

図表1-11　児童福祉の内容・領域と児童育成責任

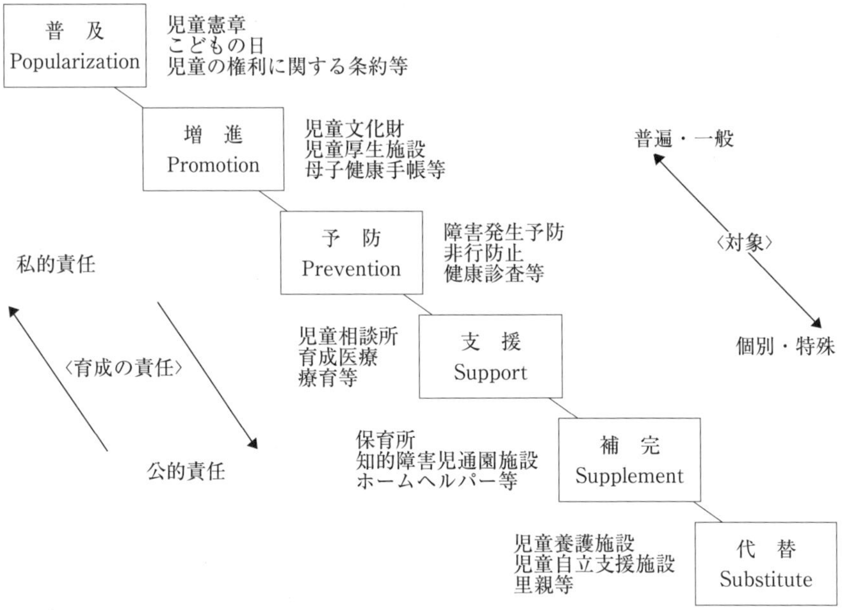
普　及
Popularization
児童憲章
こどもの日
児童の権利に関する条約等
増　進
Promotion
児童文化財
児童厚生施設
母子健康手帳等
予　防
Prevention
障害発生予防
非行防止
健康診査等
支　援
Support
児童相談所
育成医療
療育等
補　完
Supplement
保育所
知的障害児通園施設
ホームヘルパー等
代　替
Substitute
児童養護施設
児童自立支援施設
里親等
私的責任
〈育成の責任〉
公的責任
普遍・一般
〈対象〉
個別・特殊

三つのP
- 普及（Popularization）
  児童を愛護し，健やかに育成する思想・理念の普及
- 増進（Promotion）
  児童の心身の健康や発達の増進・促進
- 予防（Prevention）
  胎児及び児童の発達上の障害や問題の発生予防

三つのS
- 支援（Support）
  児童の発達上の障害や問題の軽減・除去のための教育の支援
- 補完（Supplement）
  発達上の障害や問題のある児童の養育の補完
- 代替（Substitute）
  発達上の障害や問題のある児童の養育の代替

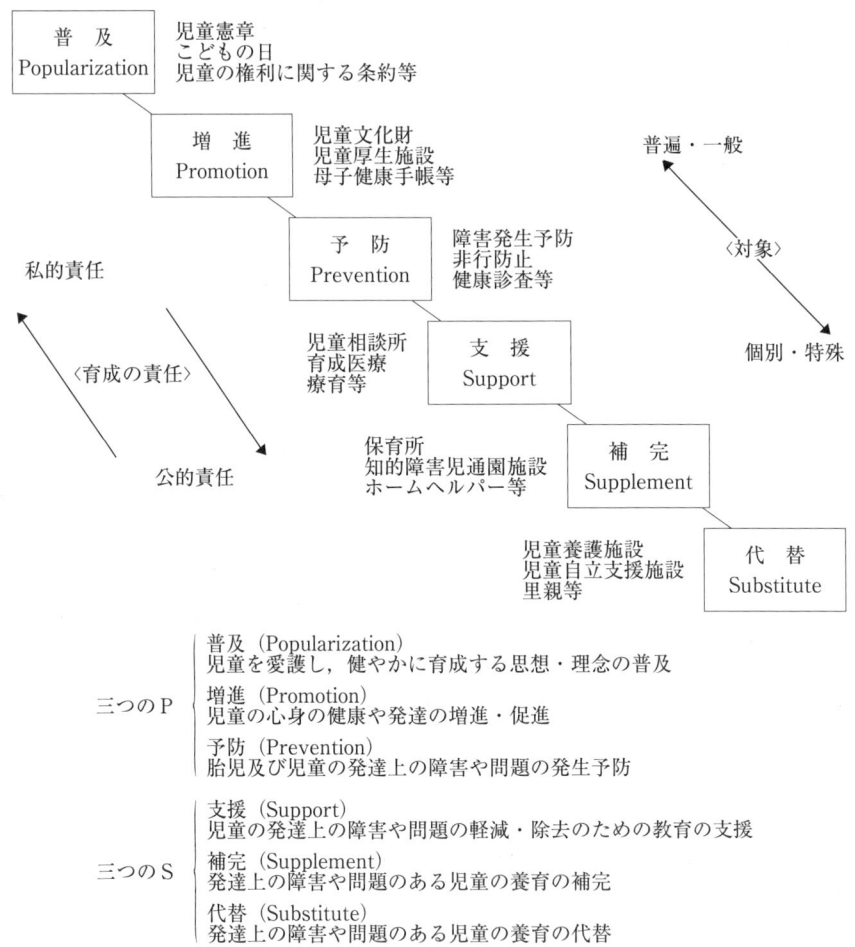

出所）社会福祉士養成講座編集委員会編『児童福祉論』中央法規，2007年，36ページ

が含まれている。

4）支援（support）のための活動

これは，子どもやその保護者の本来の生活基盤のもとで子どもの生活や発達上の問題や障害を軽減などの生活方法・養育方法を強化していく諸活動である。

この支援システムが，児童家庭福祉の要となる活動である。とりわけ，児童相談所や福祉事務所などの相談機関などである。

① 各機関による相談・支援活動

（児童相談センター，子ども家庭支援センター，福祉事務所，家庭児童相談室，保健所，女性相談センターなどの相談支援活動）

② 医療・療育などの給付活動

（自立支援医療の給付，小児慢性特定疾患の医療給付，療育給付などの活動）

③ 助産施設における助産および保健指導活動

④ 母子生活支援施設，母子福祉センター，母子休養ホームなどの自立を図るための支援活動

5）補完（supplement）のための活動

これは，生活および発達上の障害や問題のある子どもの養育を補完するための諸活動である。

① 経済的支援

（児童扶養手当，特別児童扶養手当，税制上の控除，減免，割引，貸し付けなど）

② 補装具の給付，日常生活用具の給付

心身の機能が低下し日常生活に支障をきたすもの，日常生活上の便宜を図るための用具および機能訓練のための用具である。

（車いす，義肢装具，補聴器，訓練用ベッド，特殊マット，頭部保護帽，補聴器など）

③ ホームヘルパーの派遣

障害者自立支援法により，重度の心身障害があるために日常生活を営む上で著しく支援を必要とする子どもを抱えている家庭に対するものや母子家庭などに派遣がある。また，ショートステイなども同様である。

図表１-12　認証保育所の特徴

項　　目	特　　　　　　徴
定員・対象年齢	〔Ａ型〕　駅前（徒歩５分以内）に設置することを基本とし，大都市特有の多様なニーズに応えます。 定員：20人～120人（そのうち０歳～２歳の定員1/2以上） 対象年齢：０歳～小学校就学前 〔Ｂ型〕　保育室制度からの移行を中心とし，小規模で家庭的な保育を目指します。 定員：６人～29人　対象年齢：０歳～２歳
０歳児保育	０歳児保育を必ず実施します。
基準面積	０歳児，１歳児の１人当たり基準面積Ａ型3.3㎡以上（2.5㎡までの緩和基準あり）Ｂ型2.5㎡以上
保育料	各保育所に直接支払います。保育料は各保育所で異なります（ただし，上限があります。）。
申込方法	利用について保育所事業者と保護者との間で直接契約をします。
開所時間	13時間以上の開所を義務付けています。
サービス内容の説明	各保育所で，契約時に保護者へ「重要事項説明書」に基づいてサービスの内容や施設の概要，施設の運営方針などを説明することを義務付けています。
利用者・都民に対する周知	各保育所で，利用定員や事業開始年月日などを明記した「認証書」と基準に適合しているという「認証保育所適合証」を玄関付近など利用者の見やすい場所に提示することを義務付けています。

出所）「東京都の福祉・保健・医療施策」2007年

④　通所施設におけるサービス

保育所（認可，認証）におけるサービス，障害児通園施設のサービスなどのデイサービスと入所施設における通園事業サービスがある（図表１-12）。

６）代替（substitute）のための活動

何らかの事情等によって家庭では養育できないため，子どもの養育の基盤を家庭ではなく，社会資源を使って代替する活動である。具体的には，入所施設（児童養護施設など）における養護的サービス，養育家庭（里親）制度におけるサービスなどが含まれている。公的責任は，３つのＰ（普及，増進，予防）

から３つのＳ（支援，補完，代替）に向けてより重くなり，特に代替サービスは，公的責任，権利，義務が最も強いものである。

５．児童家庭福祉の施策

わが国における児童家庭福祉法体系の基本は，日本国憲法や児童の権利に関する条約の理念に基づいて，実施される。なかでも日本国憲法について考えてみる。

第11条　基本的人権の享有

第13条　幸福追求及び個人の尊重

第25条　健康で文化的な最低生活を営む権利（生存権）

などが基本である。この日本国憲法に基づき，児童家庭福祉は，児童福祉法をはじめとした関連する各種の法律や政令，省令，通達などに基づいて実施される。以下，児童福祉法をはじめ関連する法律を説明する。

①　児童福祉法（1947年）

1947（昭和22）年に制定され，翌年１月１日より施行された。児童福祉法が制定された時期は，戦後の混乱期にあり，国民の生活は困窮を極み，戦災で親や家を失った子どもたちがあふれ，窃盗や恐喝等の非行を重ねながら飢えをしのぐという今では考えられないような社会状況であった。そういった状況の中でGHQの指示のもと，現行の児童福祉法が制定されたわけである。当時の緊急かつ最大の課題は，これら戦災孤児，浮浪児の収容・保護であった。

これらのような社会状況の中で生まれた児童福祉法であるが，少子高齢社会の進展，夫婦共働きの家庭の増大，都市化，核家族化に伴う家庭や地域における子育て機能の低下，離婚の増加，児童虐待の増加等，児童や家庭を巡る環境が大きく変化しつつあり，制度と実態の乖離が指摘されるようになった。このため，これらの変化をふまえて，子育てしやすい環境の整備をはかるとともに，次世代を担う児童の健全育成と自立を支援するため，児童家庭福祉制度の再構築をはかるために幾度かの法改正が行われてきた。

特に，1990（平成２）年の福祉関係八法改正に伴った在宅サービスの強化や社会福祉基礎構造改革などによる利用者本位の考え方を取り入れたものである。保育関係では，低年齢保育や保育時間の延長など保育需要の多様化が進行しており，それらに対応する保育所の充実が叫ばれている。また，要保護児童については，児童虐待の増加など，問題が複雑・多様化する中で，それらの相談体制の中核である児童相談所の支援体制が早期発見・早期対応といった予防的な機能を含めて不十分であるという問題が生じているため，それらに対応するために改正が行われた。

2004（平成16）年の改正では，児童虐待防止対策等の充実・強化として，ア．児童相談に関する体制の充実，イ．児童福祉施設，里親等のあり方の見直し，ウ，要保護児童に関する司法関与の見直し等を行うとともに，新たな小児慢性特定疾患対策を確立して，長期にわたり療養の必要な慢性疾患にかかっている児童に対する医療の給付等の事業を創設することなどとなっている。

児童福祉法は，要保護状態にあるか否かにかかわらず，18歳未満のすべての子どもの福祉の向上を図ることを目的としている。その特徴は，児童育成の責任を保護者のみならず国や地方公共団体にも認めていることである。さらに，すべての国民に，「児童が心身ともに健やかに生まれ，且つ育成されるよう努めなければならない」（第１条）という努力義務を果たしているところにある。

児童福祉法に規定される福祉の措置および保障としては，障害児に対する医療や療育の指導，療育の給付，要保護児童（要養護児童，幼保育児童，障害児など）の保護措置，保護施設への入所措置（入所施設，里親，保護者の同意を要しない保護措置など），在宅福祉サービス（児童居宅介護事業，児童ディサービス事業，児童短期入所事業，子育て短期支援事業など），禁止行為などが述べられている。

規定されている機関や担当者としては，児童福祉審議会，児童福祉司，児童委員，児童相談所，福祉事務所，保健所などがある。児童福祉法には，費用負担や大都市特例なども規定されているほかに不服申し立て制度もある。

②　児童扶養手当法（1961年）

児童扶養手当法は，国民年金の遺族基礎年金の受給資格のない離別母子家庭などへの金銭給付を行うことで，その家庭の自立を図ることを目的としている。支給は都道府県知事が行うが，事務の一部を市町村長に行わせることができる。児童扶養手当法における児童とは，18歳に達する日以後の最初の３月31日までの間にある者または20歳未満で政令の定める程度の障害の状態にあるものをいう。

③　特別児童扶養手当等の支給に関する法律（1964年）

特別児童扶養手当法は，知的障害児のみを対象にしていた重度精神薄弱者扶養手当法を，身体障害児まで拡大したものである。現行の名称となったのは1974年である。

支給は，特別児童扶養手当は国が，障害児福祉手当および特別障害者手当は福祉事務所を設置する自治体の長（都道府県知事，市長および福祉事務所を設置する町村長）が行う。特別児童扶養手当法における児童とは，20歳未満のもので，政令で定める程度の障害があるため，日常生活を営むのに支障がある者をいう。特別児童扶養手当は障害児を扶養する者（現に監護し，生計を維持している者）障害児福祉手当は障害児自身，特別障害者手当は20歳以上の障害者に対して支給される。不服申し立て制度がある。

④　母子及び寡婦福祉法（1964年）

母子及び寡婦福祉法は，母子福祉資金の貸付等に関する法律（1952年）を基礎に，母子福祉対策の総合化を目指して，母子福祉法（1964年）として成立したものである。対象を寡婦家庭に拡大し，現行の名称となったのは1981（昭和56）年である。1990（平成２）年の改正により，在宅サービスの導入，2002（平成14）年の改正で母子相談員から母子自立支援相談員への名称変更，母子家庭自立支援給付金，都道府県に対する母子家庭及び寡婦自立促進計画策定などの改正が行われた。

母子及び寡婦福祉法における児童とは，20歳未満の者をいう。また，配偶者のない女子（母子家庭の母）とは，死別の他，以下の６つの要件いずれかに該当するものをいう。

ア．離婚した女子であって現に婚姻をしていない者

イ．配偶者の生死が明らかでない女子

ウ．配偶者から遺棄されている女子

エ．配偶者が海外にあるためその扶養を受けることができない女子

オ．配偶者が精神または身体の障害により長期にわたって労働能力を失っている女子

カ．これに準ずる女子であって政令で定める者

母子家庭とは，このような配偶者のない女子と児童からなる家庭をいう。また，寡婦家庭とは，児童が20歳以上となった母子家庭をいう。福祉の措置としては，母子及び寡婦福祉資金の貸付，母子家庭居宅介護等事業（父子家庭，寡婦家庭を含む），売店等の設置の許可などが含まれている。

⑤　母子保健法（1965年）

母子保健法は，児童福祉法から分かれたもので，児童福祉法に規定されていた３歳児検診や母子手帳制度（現在は母子健康手帳制度）などを独立させ，「母性並びに乳児及び幼児の健康の保持及び増進を図るため，母子保健に関する原理を明らかにするとともに，母性並びに乳児及び幼児に対する保健指導，健康診査，医療その他の措置を講じ，もって国民保健の向上に寄与すること」（第１条）を目的に設定されている。１歳６ヵ月児健康診査の法定化，妊産婦，乳幼児の保健事業，３歳児健康診査などの事業が市町村事業化され1997（平成９）年から実施されている。

母子保健法における各種定義は，以下のとおりである。

ア．妊産婦：妊娠中又は出産後一年以内の女子

イ．乳　児：満１歳から小学校就学の始期に達するまでの者

ウ．保護者：親権を行う者，後見人その他の者で，乳児又は幼児を現に監護する者

エ．新生児：出生後28日を経過しない乳児

オ．未熟児：身体の発育が未熟のまま出生した乳児であって，正常時が出生時に有する諸機能を得るに至るまでの者

母子保健の向上に関する措置としては，保健指導，新生児訪問指導，健康診査（1歳6ヵ月，3歳児），妊娠の届け出，母子健康手帳，低体重児の届け出，自立支援医療などとなっている。

⑥　児童手当法（1971年）

この法律は，児童の養育者に児童手当を支給することにより，家庭における生活の安定に寄与するとともに，次代の社会を担う児童の健全な育成及び資質の向上に資することを目的とするもので，児童を養育している者に対して支給される。児童手当は，創設当時は，児童を3人以上監護している父母等に対し，義務教育終了前の第3子以降の児童について支給されていたが，その後，幾度かの改正により，支給対象児童の拡大や所得制限の緩和などの制度的充実が図られてきた。

2006（平成18）年には対象児童が小学校6年生終了時まで適用されることになった。

児童手当法では，児童手当の支給の他，児童手当の財源を使って児童育成事業が行われている。

児童育成事業

児童手当法第29条2に基づく事業で，1994（平成6）年創設。① 児童に関する必要な援助，② 児童の健康増進に関する事業，③ 児童の情操を豊かにする事業などを行う者に対し，助成または援助を行う。児童手当拠出金のうち，事業主負担分を活用して行われる。

⑦　児童虐待の防止等に関する法律（2000年）

いわゆる「児童虐待防止法」といわれるものである。児童虐待の相談件数が多くなるにつれ，児童虐待問題が大きな社会問題となっている。このため，児童相談所等における適切な対応を図るためなど児童虐待に対して円滑に対応す

るために，2000年，議員立法として制定され，同年施行された。

同法では，児童虐待の防止に関する国や地方公共団体の責務，児童虐待の定義，関係者による早期発見・通告義務の拡大，児童相談所による児童の早期安全確認，児童虐待を受けた子ども等に対する学業の遅れに対する支援，進学・就職の際の支援等に関する規定の整備等が規定されている。

虐待防止法対策への基本的な考え方として，

ア．発生予防から虐待を受けた子どもの自立に至るまでの切れ目のない支援

イ．街の支援から支援を要する家庭への積極的アプローチによる支援に転換

ウ．家族再統合，家族の養育機能の再生・強化を目指した子どものみならず親を含めた家庭への支援

エ．虐待防止ネットワークの形成など市町村における取り組みの強化があげられ，具体的防止対策として，ア．発生予防，イ．早期発見・早期対応，ウ．保護・自立支援，を中心として，総合的に推進するとともに，関係機関との緊密な連携を図りながら，児童虐待防止対策の充実を図ることとしている。

⑧　配偶者からの暴力の防止及び被害者の保護に関する法律（2001年）

配偶者間の暴力（DV：ドメスティック・バイオレンス）が深刻化しているのが現状である配偶者の暴力（多くは男性から女性への暴力）は，被害者に対する重大な権利侵害であると同時に，犯罪行為でもある。これを日常的に目の当たりにする子どもにとっても耐え難いものであり，一種の虐待でもある。2001（平成13）年，議員立法により「配偶者からの暴力の防止及び被害者の保護に関する法律」（DV防止法）が施行された。

DV防止法には，配偶者からの暴力の防止，被害者の保護に関する国及び地方公共団体の責務，被害者保護のための相談や他機関への紹介，一時保護などを行う「配偶者暴力相談支援センター」の設置，地方裁判所による保護命令などが規定されている。

地方裁判所による保護命令には，暴力をふるう配偶者の被害者への半年間の

接近禁止命令や自宅から2週間の退去命令などが含まれており，2004（平成14）年改正には，配偶者暴力の定義に以下の3つが追加・変更された。

ア．身体暴力のみならず，心身に有害な影響を及ぼす言動を慎むこと。離婚後も暴力をふるう元配偶者を保護命令制度の対象とすること。

イ．接近禁止の対象を被害者のみならず一緒にいる子どもにも拡大すること。

ウ．退去命令の期間を2週間から2ヵ月に延長された。

施策については，国による基本方針，都道府県による基本計画の策定について義務化された。

⑨　売春防止法（1956年）

1956（昭和31）年に施行。この法律は，福祉国家，文化国家としての日本にとって新しい夜明けを告げる記念すべき日であったといわれている。すなわち，売春が人としての尊厳を害し，性道徳に反し，社会の善良の風俗をみだすものであることに鑑み，売春を助長する行為等を処罰するとともに，性行又は環境に照らして売春を行うおそれのある女子に対する補導処分及び保護更正の措置を講ずることによって，売春の防止を図ることを目的としているからである。

なお，配偶者暴力相談支援センターの機能を果たす施設のひとつである婦人相談所の設置は，売春防止法が根拠となっており，相談・指導については婦人相談員が行うことになっている。売春防止法を犯した者に対しては，婦人補導院に収容されることによって必要な補導がされる。

また，1999（平成11）年，児童買春・児童ポルノに係わる行為等の処罰及び児童保護等に関する法律（児童ポルノ法）が施行され，児童に対する性的窃取及び性的虐待が児童の権利を著しく侵害することの重大性に鑑み，あわせて児童の権利の擁護に関する国際的動向を踏まえ，児童売春，児童ポルノに係わる行為等を処罰するとともに，これらの行為等により心身に有害な影響を受けた児童の保護のための措置等を定めることにより，児童の権利を擁護することである。

⑩　少子化社会対策基本法（2003年）

この法律は,「わが国において急速に少子化が進展しており，その状況が21世紀の国民生活に深刻かつ多大な影響を及ぼすものであることに鑑み，このような事態に対し，長期的な視点に立って，的確に対処するため，少子化社会において講ぜられる施策の基本理念を明らかにするとともに，国及び地方公共団体の責務，少子化に対処するために講ずべき施策の基本となる事項を定めて国民が豊かで安心して暮らすことのできる社会の実現に寄与すること」（第1条）を目的として成立したものである。

この法律の基本理念は，以下の3つを掲げている。

ア．子どもを安心して生み育てることができる環境づくりを行うこと。

イ．社会状況に十分配慮し長期的な展望に立って行うこと。

ウ．社会の少子化の状況に配慮して行うこと。

また，雇用環境の整備，保育サービス等の充実，地域社会における子育て支援体制の整備，母子保健医療体制の充実等ゆとりある教育の推進，生活環境の整備，経済負担の軽減，教育及び啓発の基本的方向を規定しているなど，基本的施策も明示しているが，理念を中心とした規定になっている。

⑪　次世代育成支援対策推進法（2003年）

この法律は,「わが国における急速な少子化の進行並びに家庭及び地域を取り巻く環境の変化に鑑み，次世代育成支援対策に関し，基本理念を定め，並びに国，地方公共団体，事業主及び国民の責務を明らかにするとともに，行動計画策定指針並びに地方公共団体及び事業主の行動計画の策定，その他の次世代育成支援対策を迅速かつ重点的に推進し，もって次代の社会を担う子どもが健やかに生まれ，かつ，育成される社会の形成に資すること」（第1条）を目的とし，10年間の時限立法として成立したものである。若者の自立から働き方の見直し，地域での子育て支援に至る取り組みをバランスよく総合的に進めることである。そのための枠組みの整備としてこの法律が作られた。

基本理念として，父母その他の保護者が子育てについて第一義的責任を有す

図表1-13　年齢別子ども家庭福祉施策及び関連施策の一覧

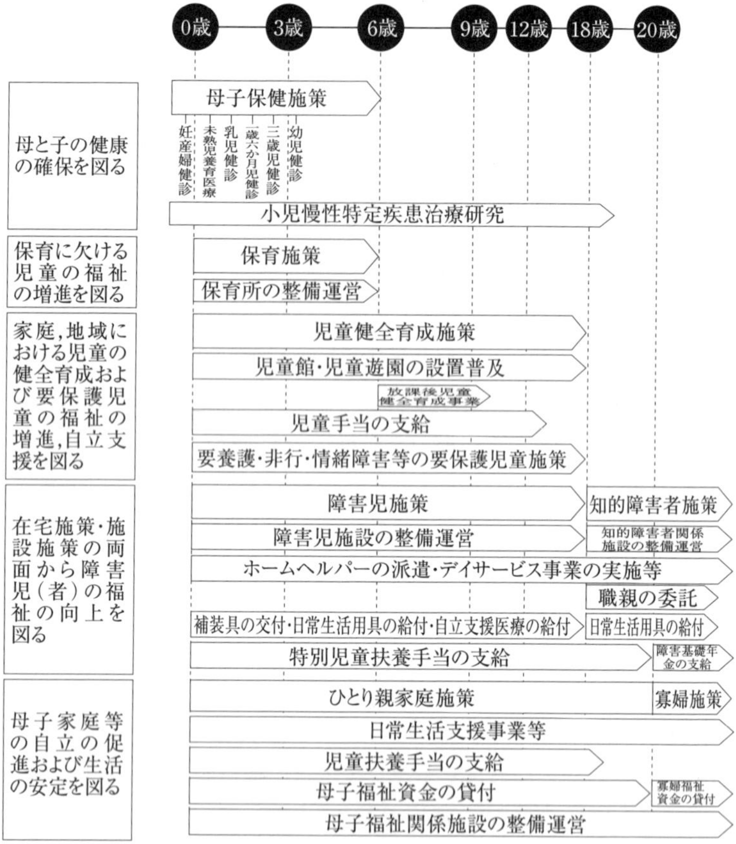

0歳
3歳
6歳
9歳
12歳
18歳
20歳
母と子の健康の確保を図る
母子保健施策
妊産婦健診
未熟児養育医療
乳児健診
一歳六か月児健診
三歳児健診
幼児健診
小児慢性特定疾患治療研究
保育に欠ける児童の福祉の増進を図る
保育施策
保育所の整備運営
家庭,地域における児童の健全育成および要保護児童の福祉の増進,自立支援を図る
児童健全育成施策
児童館・児童遊園の設置普及
放課後児童健全育成事業
児童手当の支給
要養護・非行・情緒障害等の要保護児童施策
在宅施策・施設施策の両面から障害児(者)の福祉の向上を図る
障害児施策
知的障害者施策
障害児施設の整備運営
知的障害者関係施設の整備運営
ホームヘルパーの派遣・デイサービス事業の実施等
職親の委託
補装具の交付・日常生活用具の給付・自立支援医療の給付
日常生活用具の給付
特別児童扶養手当の支給
障害基礎年金の支給
母子家庭等の自立の促進および生活の安定を図る
ひとり親家庭施策
寡婦施策
日常生活支援事業等
児童扶養手当の支給
母子福祉資金の貸付
寡婦福祉資金の貸付
母子福祉関係施設の整備運営

出所）　こども未来財団編『目で見る児童福祉』新日本法規出版

るという認識のもと，家庭その他の場において，子育ての意義が深められ，子育てに伴う喜びが実感されるように配慮して行わなければならないとしてある。

⑿　その他の法制及び施策

少子化の対応としては，2002（平成14）年の「少子化対策プラスワン」において，実施状況などの点検を行い，従来の取り組みが子育てと仕事の両立支援観点から保育に関する施策を中心としていたものであったのに対し，子育てする家庭の観点からみて，より均衡のとれた施策を行うために，前述した少子化社会対策基本法と次世代育成支援対策推進法が成立したのである。

次世代育成支援対策推進法に基づき，地方公共団体や企業の行動計画の策定が進められていることも踏まえ，政府において，2004（平成16）年「少子化社会対策大綱」が閣議決定され，その実施計画として「子ども・子育て応援プラン」が決定された。2005（平成17）年より5年間に講ずる具体的な政策内容と目標を掲げた。このプランを通じて，「子どもが健康に育つ社会」「子どもを生み・育てることに喜びを感じることのできる社会」の構築のため，概ね10年後を展望した「目指すべき社会の姿」を提示している。

また，母子保健施策として，21世紀初頭における母子保健の国民運動計画「健やか親子21」（2001～2010年）は，母子保健の国民運動として，4つの課題をあげ，主な目標を10年後に定めている。

このほかに，児童家庭福祉に関する重要な法律として，以下のものがある。

少年法（1948年）は，少年事件の審判などについて規定されている。1999（平成11）年には「児童売春・児童ポルノに関わる行為等の処罰及び児童の保護に関する法律」（児童買春・児童ポルノ禁止法）や「発達障害者支援法」（2005年），「障害者自立支援法」（2006年）が発達障害児，身体障害児・知的障害児・精神障害児の自立支援を目的として成立した。これらの法制・施策を通しての，年齢別の子ども家庭福祉施策及び関連施策は，① 母と子の健康の確保を図る，② 保育に欠ける児童の福祉の増進を図る，③ 家庭，地域における児童の健全育成及び要保護児童の福祉の増進，自立支援を図る，④ 母子家庭等の自立の促進及び生活の安定を図る，の4つの関連施策で分析できるであろう（図表1-13）。

6．児童家庭福祉の機関

児童家庭福祉の実施体制（施策）は図表1-14のようになっており，児童家庭福祉行政は，国，都道府県・指定都市，市町村の3段階での実施である。

図表１-14　児童福祉機関系統図

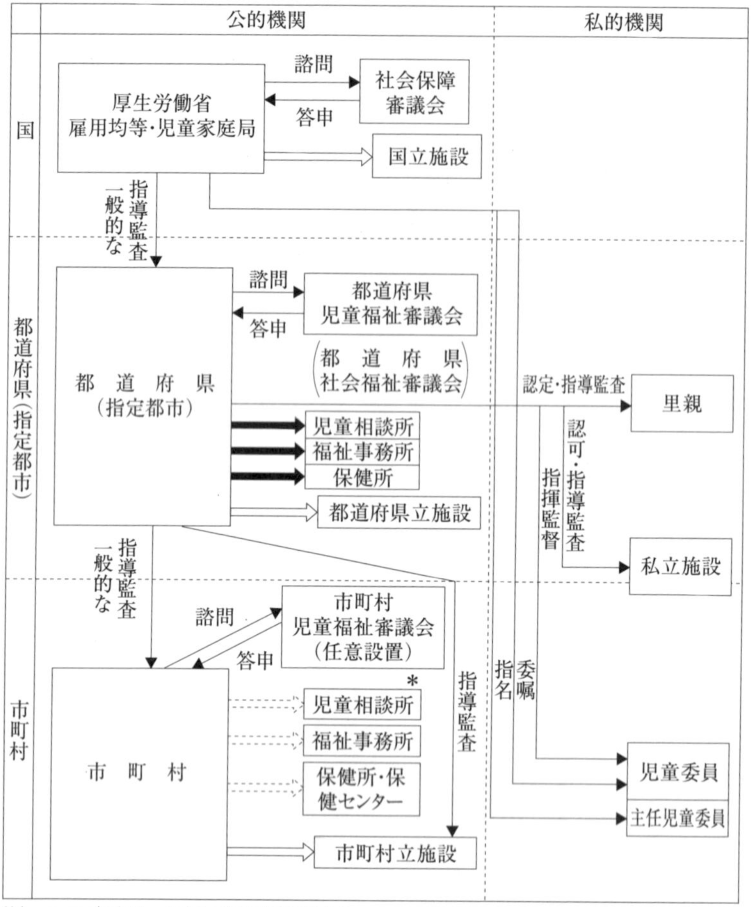
公的機関
私的機関
国
都道府県（指定都市）
市町村
厚生労働省
雇用均等・児童家庭局
諮問
答申
社会保障
審議会
国立施設
一般的な
指導監査
都道府県
（指定都市）
都道府県
児童福祉審議会
（都道府県
社会福祉審議会）
児童相談所
福祉事務所
保健所
都道府県立施設
認定・指導監査
里親
認可・指導監査
指揮監督
私立施設
市町村
児童福祉審議会
（任意設置）
＊
児童相談所
福祉事務所
保健所・保
健センター
市町村立施設
指導監査
委嘱
指名
児童委員
主任児童委員

注）➡印は，下部の行政機関を示す。
⇨印は，下部の付属機関を示す。
⇢印は，全部の市町村には設置しない下部の行政機関を示す。
＊政令で定める市は児童相談所を設置することができる（2006（平成18）年４月施行）。
出所）新・社会福祉学習双書編集委員会編『児童福祉論』〈新・社会福祉学習双書９〉全国社会福祉協議会，2000年，53ページを一部改変

(1)　行政機関

行政機関について，国は，厚生労働省雇用均等・児童家庭局を中心に運営している。雇用均等・児童家庭局は，総務課，雇用均等政策課，職業課程両立課，

短時間・在宅労働課，家庭福祉課，育成環境課，保育課，母子保健課の８課で構成されている児童家庭福祉全般についての総合的企画立案・調整，指導観察，予算配分，地方行政の支援など中枢的役割を担っている。

都道府県・指定都市においては，児童家庭福祉事業の企画・予算配分，児童福祉施設の認可・指導・監督，予算措置，児童相談所や福祉事務所・保健所など関係行政機関の設置・運営，市町村を包括する広域事業の展開などを行っている。

市町村では，児童館や放課後児童クラブの運営，保育所等の設置・運営などの子ども育成事業，妊産婦・乳幼児の保健指導・健康診査などの母子保健事業を実施し，地域住民に密着したサービスを行っている。また，2005（平成17）年度から子育て支援や児童相談の一次的役割を果たしている。市町村を基礎自治体とよんでいる。地方自治体における児童家庭福祉担当部局は，福祉部（局），民生部（局）などが一般的であるが，最近では，保健・福祉を統合して，福祉保健部（局），保健福祉部（局）などの名称が見受けられるようになった。担当課については，児童課，児童福祉課，子ども家庭課などの名称が多い。

(2)　国及び地方公共団体

子どもの健全な育成の責任は，児童福祉法第２条に，「国及び地方公共団体は，保護者とともに，児童を心身ともに健やかに育成する責任を負っている」と規定されている。この児童福祉法の趣旨に則って，公的機関の関わりが行われる。子ども家庭福祉に対する施策も，児童や家庭をめぐる環境が大きく変化しつつある状況の中で，子育て支援という幅広い分野までの援助が考えられるようになり，要保護児童といわれる子どもたちへの対応だけでなく，幅広い施策が展開されるようになってきている。

これらの施策の担い手である機関についてみると，国，都道府県・指定都市等，市町村があげられる。国は，児童家庭に関する福祉行政全般の企画調整，監督指導，事業に関する費用の予算措置等，中枢的な機能を担っている。児童福祉行政の国の機構として厚生労働省が設置され，その内部に雇用均等・児童家庭局がおかれている。子どもの心身の発達，保育，養護に関する企画をしたり，専門機関である児童相談所や児童福祉施設の職員や施設の指導監督などを行うことも目的として業務を分掌している。児童福祉行政における都道府県の役割は，市町村を包含する広域の地方公共団体として，市町村が行えないような広域にわたるもの，専門的な事務，統一的な処理を必要とするもの，市町村間の連絡調整等を行うことである。

都道府県では，その地域の児童福祉事業の計画策定や，予算措置に関することのほか，直接利用者にサービスを提供する行政機関である児童相談所や福祉事務所・保健所の設置運営や児童福祉施設の認可並びに指導監督，市町村に対する必要な援助，児童家庭相談のうち専門性の高いものへの対応などを行っている。また，市町村は最も地域住民に密着した自治体として，児童福祉の在宅サービスや施設サービスをきめ細かく実施する役割を担っている。

児童福祉に関する相談をはじめ保育所などの児童福祉施設の設置及び保育の実施，子育て支援事業に係るサービスの提供や体制整備などの業務を行っている。特に2004（平成16）年の児童福祉法改正により，市町村が児童家庭相談の第一義的窓口として位置づけられた。児童福祉行政における身近な市町村の役割はより重視されてきている。

(3) 審議機関

児童家庭福祉行政に関する施策の方向づけの審議については，国では社会保障審議会，地方では児童福祉審議会が行う。社会保障審議会は，厚生労働省設置法及び社会保障審議会令に基づいて設置される。

児童福祉審議会は，「児童妊産婦及び知的障害者の福祉に関する事項を調査審議」（第８条の２）する機関であり，この中には，児童の芸能・出版物などの文化財の推薦や勧告も含まれている。都道府県（指定都市・中核市）に設置が義務づけられている。

地方福祉審議会の中に児童部会などを設けている場合は設置する必要はない。

市町村については任意設置である。

今日の児童家庭福祉の問題は，複雑多岐にわたり，また困難な問題が多い。このような状況の中で，児童家庭福祉を担う行政機関は，より適切な判断と対応が求められている。このため，広く一般社会から意見を求めるとともに，各方面の専門家に意見を聞いて，最も適切と思われる対応を実施していく必要がある。このため，都道府県・指定都市は，児童福祉法により，児童福祉審議会その他の合議制の機関を設置することが義務づけられている（市町村は任意）。

それぞれの児童福祉審議会は，子ども，妊産婦，知的障害者の福祉に関し，知事，指定都市の長，市町村長の諮問に答え，または関係行政機関に意見を具申する等の機能を有している。なお，国では，中央児童福祉審議会が設置されていたが，厚生労働省設置法等の改正により2001（平成13）年１月から社会保障審議会に統合され，児童福祉を含む社会保障全体の主要事項について審議されることになった。また，児童福祉審議会は社会保障審議会と必要に応じ，資料を提供し合う等緊密に連絡を取らなければならないとされている。

児童福祉審議会は，原則として，委員（本委員）のみによって組織されるが，特別の事情を調査審議する必要があるときは，臨時委員をおくことができる。委員の定数は，20人以内である。臨時委員については定数制限はない。委員及び臨時委員は，児童又は知的障害者の福祉に関する事業に従事する者及び学識経験のある者のうちから，都道府県の場合は知事により（市町村の場合は市町村長）によりそれぞれ任命される。

児童福祉審議会の主な権限は，都道府県知事等の諮問に答えること，関係機関に意見を求めること，具体的行政事務について意見を述べる等である。

(4)　実施機関

児童福祉法では，児童福祉の公的実施機関として，児童相談所，福祉事務所，保健所の３つを規定している。

① 児童相談所

児童相談所は，児童福祉の専門的機関として，児童福祉法により各都道府県及び指定都市に設置が義務づけられている。児童相談所は，児童福祉の理念を実現し，子どもの基本的権利を具体的に保障することを目的としている。

子どもに関するさまざまな問題について家庭その他からの相談や判定，指導などを行っており，必要ならば一時保護を行う相談・判定・援護機関である。児童相談所には，所長をはじめ児童福祉司，心理判定員，医師，児童指導員，保育士などが配置されている。これらの専門職員がそれぞれの立場から診断し，判定を行い，個々の子どもに対する処遇計画を作成する。

児童相談所は福祉事務所，保健所，民生委員，児童委員，保育所，幼稚園，学校，教育相談所，医療機関，警察，家庭裁判所などの関係機関との連携を図りながら事業を展開している。

② 福祉事務所

福祉事務所は，社会福祉法によって，都道府県，市及び特別区に設置が義務づけられている。町村は任意設置である。社会福祉行政の第一線機関として生活保護法，児童福祉法，身体障害者福祉法，知的障害者福祉法，老人福祉法，母子及び寡婦福祉法のいわゆる福祉六法に定める援護，育成または更生の措置を行っている。必要に応じて，民生委員，児童委員の活動を調整・支援し，災害救助など社会福祉全般に関し，住民が必要としているサービスを行っている。児童家庭福祉に関する業務は，子どもや妊産婦の福祉に関し，必要な実情把握，相談，調査・指導を行う。

助産施設・母子生活支援施設，保育所への入所事務，事態障害児への補装具の交付，日常生活用具の給付などを行っている。専門的判定が必要と認められた場合には，児童相談所へ送致する。また，福祉事務所の中には家庭児童相談室が設置され家庭相談員が児童相談所と連携しながら相談にあたっている。母子相談室も設置されており，母子自立支援員が母子及び寡婦福祉に関する相談にあたっている。

③　保健所

保健所は，地域における公衆衛生の中核的な機関として，衛生知識の向上，栄養改善，母子保健，精神保健の観点から重要な役割を担っている（地域保健法第５条，第６条）。

児童家庭福祉においても，主として母子保健の観点から重要な役割を果たしている。近年，児童虐待が深刻化するなか，乳幼児検診や訪問活動を通して虐待の予防，虐待家庭への支援などを行っている。保健所は，都道府県と指定都市，中核市，その他政令で定められた市及び東京都の特別区に設置されている。児童家庭福祉に関する業務は，以下の５つを中心としている。

ア．衛生知識などの普及

イ．妊娠届出の受理・母子健康手帳の交付

ウ．健康診査

エ．訪問指導

オ．療育指導等

1997年に母子保健サービスの主体は，原則として住民に身近な市町村に一元化された。そのために，市町村は市町村保健センターを設置し，健康相談や保健指導，健康診査等を行うことになった。

④　児童委員・民生委員

児童委員は，厚生労働大臣により委託されたものである。民生委員法による民生委員も兼ねており，要援護者に対する相談・指導，関係機関への連絡を行う連絡通報活動など，地域住民に根ざしたきめ細かな活動を行っている。給与を支給しないものとし，その任期は３年としている。

児童委員は，担当区域内の児童家庭及び妊産婦について，その生活及び環境の状態を把握し，必要な援助や指導を行う。福祉事務所の社会福祉主事，児童相談所の児童福祉司の職務に協力を行い，福祉の増進活動を行うことになっている。1994（平成６）年より，地域における子育て支援活動を強化するため，児童家庭福祉に関する事項を専門に担当する主任児童委員が新たに設置された。

図表１-15　子ども家庭支援センターのネットワーク

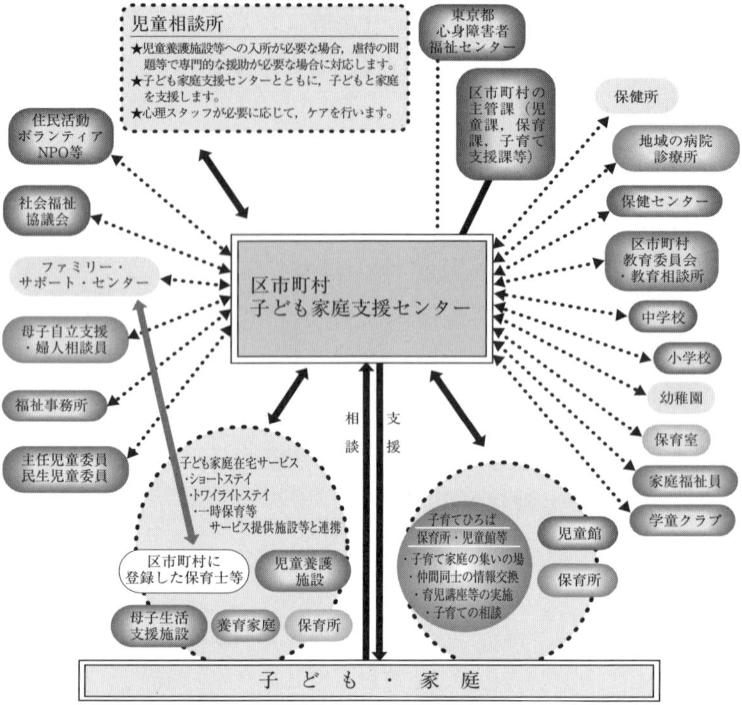

児童相談所
★児童養護施設等への入所が必要な場合，虐待の問題等で専門的な援助が必要な場合に対応します。
★子ども家庭支援センターとともに，子どもと家庭を支援します。
★心理スタッフが必要に応じて，ケアを行います。
東京都心身障害者福祉センター
区市町村の主管課（児童課，保育課，子育て支援課等）
住民活動ボランティアNPO等
社会福祉協議会
ファミリー・サポート・センター
母子自立支援・婦人相談員
福祉事務所
主任児童委員民生児童委員
区市町村子ども家庭支援センター
保健所
地域の病院診療所
保健センター
区市町村教育委員会・教育相談所
中学校
小学校
幼稚園
保育室
家庭福祉員
学童クラブ
相談
支援
子ども家庭在宅サービス
・ショートステイ
・トワイライトステイ
・一時保育等
サービス提供施設等と連携
区市町村に登録した保育士等
児童養護施設
母子生活支援施設
養育家庭
保育所
子育てひろば
保育所・児童館等
・子育て家庭の集いの場
・仲間同士の情報交換
・育児講座等の実施
・子育ての相談
児童館
保育所
子ども・家庭

出所）東京都福祉保健局資料

⑤　児童（子ども）家庭支援センター

虐待の増加や児童家庭を巡る問題が複雑・多様化しており，地域において問題が深刻化する前の早期発見，早期対応や支援を必要とする子どもに対する指導を適切に行うことがきわめて重要となっている。児童相談所だけでの対応では限界にきており，地域に根ざした相談支援を行うには，新たに地域に密着したよりきめ細かな支援相談を行う福祉施設として，1997年に子ども（児童）家庭支援センターが創設された。

業務内容については，

ア．比較的軽微な児童に関する問題に対する専門スタッフによる地域に根ざした相談・助言

イ．児童相談所において，施設入所までは要しないが，継続的な指導が必要と判断された在宅の児童やその家庭に対する児童相談所からの指導措置の委託に基づく指導

ウ．児童委員，母子自立支援員等との連携による問題の早期発見及び児童相談所，児童福祉施設との連絡調整。

子ども家庭支援センターは，施設の相談ノウハウや夜間・緊急時の対応，一時保護等にあたっての施設機能の活用といった観点から地域の中で基幹的役割を果たしている児童養護施設等の児童福祉施設に併設されている。2002（平成14）年より，連携のとれる範囲での設置が認められた（2007年３月現在で全国66ヵ所）（図表１-15）。

７．児童家庭福祉の行財政

児童福祉法で，子ども家庭福祉の目標である，子どもの健全な発育や成長を図ることは，保護者とともに国および地方公共団体の責任として明記されている。したがって，児童福祉施策の基本的な運営は公的責任で行われなければならない。

国の支出として都道府県へ配分される費用については，大きく分けると地方交付税による交付金と国庫補助金に分けられる。これらの経費は，どんな性格をもっており，児童家庭福祉の施策のどのような内容を形成しているのかを見ていくこととする。

児童家庭福祉の財政に関して学ぶ場合，最近の財政の動向をみると，国・地方行財政の変革の時期にあたり，「官から民へ」「国から地方へ」という地方分権が進み，身近な市町村の役割が重要になってきているという状況を背景にして，さまざまな変化が起こっている。

児童家庭福祉施策の運営実施は，公的な責任で行われる。そのための費用には，国費としての地方交付税交付金と国庫補助金等がある。

1）地方交付税による事業

一般財源による事業で，児童福祉法等に基づき地方公共団体の一般財源により費用が支出される事業で，児童相談所運営費，婦人相談所，公立保育所，乳幼児健診等がその代表な事業である。

これらの事業は，すでに地域に同化し定着しているので地方交付税の積算基礎に組み込まれている。

たとえば，児童相談所における児童福祉司の人員配置に関して，従来，人口12万人から13万人に１人という形で，児童福祉法施行令第２条に，「法第13条第１項の規定により置かれる児童福祉司（以下「児童福祉司」という。）の担当区域は，法による保護を要する児童の数，交通事情等を考慮し，人口おおむね５万から８万までを標準として定めるものとする」とされており，これを根拠に地方交付税の積算基礎となる児童福祉司の人員基準についての見直しが行われてきているという説明がなされている。

2）国庫補助金　補助金・負担金・利子補助金その他

国庫補助金は，事業を安定的に営むために投じられるもので，児童福祉施設では，措置費（措置施設），障害児施設給付費（障害児福祉施設）や運営費（保育所）とよぶ。この補助金は特定の目的のために予算化されているもので，目的達成のために効果的に使われなければならない。児童保護措置費負担金等，民間保育所及び養護施設等の運営に要する費用を措置費といい，児童福祉法の規定に基づく措置に伴う経費である。その内容は，保育の実施（民間保育所）を行った場合の運営費の支払いの経費，児童福祉施設入所措置や里親委託措置をとった場合に児童福祉施設及び里親に支払いを要する経費等である。この費用を支払うもの（支弁義務者）は都道府県（指定都市を含む）であり，かかった経費の負担の割合は，国が２分の１，都道府県が２分の１を負担している。

措置費の内訳は，職員の給料や施設の管理に要する費用である事務費，入所者の生活に関連する費用である事業費に大別される。措置費は，施設に措置された子どもの日々の養育について，児童福祉施設最低基準を維持するための費用であるため，最低基準以上の援助内容を確保するため，都道府県で単独の補助や独自の費用を出しているところもある。

措置児童の扶養義務者は，世帯の所得税と市町村民税等の課税状況に応じて定められた費用徴収基準に従って都道府県に負担金を支払うこととなっている（費用徴収：児童福祉法第59条第１項，第２項）。

措置費

入所児の福祉を図るための運営費，入所児処遇費，職員人件費及び施設の維持管理等をこのようによんでいる。

児童福祉施設への入所の措置に伴い支払われる経費という意味を表している。もちろん，最低基準を維持するに足りる費用という性格をも含んだ意味なのである。「最低基準」というのは，きわめて低いという意ではなく，児童の健康にして文化的な生活を保障するのに必要な最低限度の基準という意である。

8．児童福祉施設

児童福祉施設は，子どもやその保護者等に適切な環境を提供し，養育，保護，訓練，育成さらには自立支援などのサービスを提供することを目的としている。児童福祉法では，保育所，児童養護施設をはじめ20施設に細分化されている。設置の目的によって養護系施設（保護，養護，自立支援などを行う施設），障害児系施設（障害児に対して保護，療育，訓練などを行う施設），育成系施設（学童保育など子どもの健全育成を図る施設），保健系施設の４種類に分類される。また，生活形態によって，入所施設，通所施設，利用施設の３つに分けられる。

利用方式においては，児童相談所による入所決定を必要とする乳児院，児童養護施設，肢体不自由児施設など各種障害児関係施設（契約入所である施設給付制度）などの措置型施設，市町村が保育の実施を決定する保育所ならびに福祉事務所が保護の実施を決定する母子生活支援施設などや子どもや保護者の自由意思により利用できる児童館，子ども家庭支援センターなどの利用施設に分けられる。認可された児童福祉施設は，設備や運営に関する「児童福祉施設最低基準」を守ることが義務づけられる。施設の種類及び設置目的は図表１-16のとおりである。

図表１-16　児童福祉施設一覧表

施設の種類 （A）		事業種別（B）	利用形態	設置主体 （C）	目的・対象者 （D）	窓口 （E）
児童福祉施設	助産施設（児童福祉法第36条）	第二種	入所	都道府県 市町村　届出 社会福祉法人 その他の者　認可	保健上必要があるにもかかわらず経済的理由により入院助産を受けられない妊産婦を入所させ助産を受けさせる。	福祉事務所
	乳児院（児童福祉法第37条）	第一種	入所	都道府県 市町村　届出 社会福祉法人 その他の者　認可	乳児を入所させてこれを養育する。	児童相談所
	児童養護施設（児童福祉法第41条）	第一種	入所	都道府県 市町村　届出 社会福祉法人 その他の者　認可	乳児を除いて，保護者のない児童，虐待されている児童，その他環境上養護を要する児童を入所させ，これを養護し，あわせてその自立を支援する。	児童相談所
	知的障害児施設（児童福祉法第43条）	第一種	入所	国，都道府県 市町村　届出 社会福祉法人 その他の者　認可	知的障害の児童を入所させ保護するとともに独立自活に必要な知識技能を与える。	児童相談所
	知的障害児通園施設（児童福祉法第43条）	第一種	通所	都道府県 市町村　届出 社会福祉法人 その他の者　認可	知的障害の児童を日々保護者のもとから通わせて保護するとともに独立自活に必要な知識技能を与える。	児童相談所
	盲児施設（児童福祉法第43条の２）	第一種	入所	都道府県 市町村　届出 社会福祉法人 その他の者　認可	盲児を入所させ，保護するとともに独立自活に必要な指導又は援助を行う。	児童相談所
	ろうあ児施設（児童福祉法第43条の２）	第一種	入所	都道府県 市町村　届出 社会福祉法人 その他の者　認可	ろうあ児を入所させ，保護するとともに独立自活に必要な指導又は援助を行う。	児童相談所

児童福祉施設	難聴幼児通園施設（児童福祉法第43条の２）	第一種	通所	都道府県 市町村　届出 社会福祉法人 その他の者　認可	難聴幼児を保護者のもとから通所させ，残存能力の開発及び言語障害の除去に必要な指導訓練を行う。	児童相談所
	肢体不自由児施設（児童福祉法第43条の３）	第一種	入所 通所	都道府県 市町村　届出 社会福祉法人 その他の者　認可	肢体不自由のある児童を治療し，独立自活に必要な知識技能を与える。	児童相談所
	肢体不自由児療護施設（児童福祉法第43条の３）	第一種	入所	都道府県 市町村　届出 社会福祉法人 その他の者　認可	病院に入院することを要しない肢体不自由のある児童であって家庭における養育が困難なものを入所させ，治療及び訓練を行う。	児童相談所
	肢体不自由児通園施設（児童福祉法第43条の３）	第一種	通所	都道府県 市町村　届出 社会福祉法人 その他の者　認可	肢体不自由のある児童を通所によって治療し独立自活に必要な知識技能を与える。	児童相談所
	重症心身障害児施設（児童福祉法第43条の４）	第一種	入所	都道府県 市町村　届出 社会福祉法人 その他の者　認可	重度の知的障害，重度の肢体不自由が重複している児童を入所させ保護するとともに治療及び日常生活の指導を行う。	児童相談所
	自閉症児施設（児童福祉法第42条）	第一種	入所	都道府県 市町村　届出 社会福祉法人 その他の者　認可	自閉症児に対する医療，心理指導及び生活指導を行う。	児童相談所
	情緒障害児短期治療施設（児童福祉法第43条の５）	第一種	入所 通所	都道府県 市町村　届出 社会福祉法人 その他の者　認可	軽度の情緒障害を有する概ね12歳未満の児童を短期間入所又は保護者の下から通わせてその情緒障害を治す。	児童相談所
	児童自立支援施設（児童福祉法第44条）	第一種	入所	国，都道府県 市町村　届出 社会福祉法人 その他の者　認可	不良行為をなし，又はなすおそれのある児童及び家庭環境その他の環境上の理由により生活指導等を要する児童を入所させ，又は保護者の下から通わせて，個々の児童の状況に応じて必要な指導を行い，その自立を支援する。	児童相談所
	母子生活支援施設（児童福祉法第38条）	第一種	入所	都道府県 市町村　届出 社会福祉法人 その他の者　認可	配偶者のない女子又はこれに準ずる事情にある女子及びその者の監護すべき児童を入所させこれらの者を保護する。	福祉事務所

施設の種類（A）		事業種別（B）	利用形態	設置主体（C）	目的・対象者（D）	窓口（E）
児童福祉施設	保育所（児童福祉法第39条）	第二種	通所	都道府県 市町村 届出 社会福祉法人 その他の者 } 認可	日々保護者の委託を受けて保育に欠ける乳児又は幼児を保育する。	市町村（福祉事務所）
	児童家庭支援センター（児童福祉法第44条の2）	第二種	利用	都道府県 市町村 届出 社会福祉法人 その他の者 } 認可	地域の児童の福祉に関する各般の問題につき，児童，母子家庭，地域住民等からの相談に応じ，必要な助言を行うとともに，保護を要する児童又はその保護者に対する指導及び児童相談所，児童福祉施設等との連絡調整等を総合的に行い，地域の児童，家庭の福祉の向上を図る。	施設
	児童館（児童福祉法第40条）	第二種	利用	都道府県 市町村 届出 社会福祉法人 その他の者 } 認可	児童に健全な遊びを与えて，その健康を増進し，又は情操をゆたかにする。	施設
	児童遊園（児童福祉法第40条）	第二種	利用	都道府県 市町村 届出 社会福祉法人 その他の者 } 認可	児童に健全な遊びを与えて，その健康を増進し，又は情操をゆたかにする。	施設

出所）『社会保障の手引（平成19年1月改訂）』中央法規，2007年，296～298ページ

9．児童家庭福祉専門員

児童家庭福祉サービスは，多くの専門職によって行われている。児童相談所には，福祉に関する相談や支援を専門的な技術に基づいて必要な援助を行う児童福祉司や心理的診断やカウンセリング，心理療法などの支援を行う児童心理士（臨床心理士），医師，などがいる。また児童福祉施設には，子どもの生活指導・保育や相談援助を行う児童指導員や保育士，看護師，栄養士，調理師，その他各領域の専門員，事務職員などがいる。「児童福祉施設最低基準」により，各施設が必ず配置すべき専門職員も定められている。

このほかに，子どもに家庭的環境を提供する家庭的養育制度（専門養育家庭，

図表１-17　主な児童福祉施設の種類と主要専門職員

施設の種類	入㈱所 利用別	設置主体	専門職員
助産施設	入所	都道府県 市町村 社会福祉法人 その他の者	助産師
乳児院	入所	都道府県 市町村 社会福祉法人 その他の者	医師，看護師，栄養士，保育士，児童指導員
母子生活支援施設	入所	同上	母子指導員，少年指導員，保育士，医師（嘱託）
保育所	通所	同上	保育士，医師（嘱託）
児童厚生施設 （児童館・児童遊園）	利用	同上	児童の遊びを指導する者
児童養護施設	入所	同上	児童指導員，保育士，職業指導員，栄養士，医師（嘱託），心理療法担当職員
知的障害児施設	入所	国，都道府県 市町村 社会福祉法人 その他の者	児童指導員，保育士，職業指導員，精神科医師（嘱託）
知的障害児通園施設	通所	都道府県 市町村 社会福祉法人 その他の者	知的障害児施設に準ずる
盲ろうあ児施設	入所	同上	児童指導員，保育士，職業指導員，医師（嘱託）
肢体不自由児施設	入所	同上	医師，看護師，理学療法士，作業療法士，児童指導員，保育士，職業指導員
重症心身障害児施設	入所	同上	医師，看護師，理学療法士，作業療法士，児童指導員，保育士，心理療法担当職員
情緒障害児 短期治療施設	入所 通所	同上	医師，心理療法担当職員，看護師，児童指導員，保育士
児童自立支援施設	入所 通所	国，都道府県 社会福祉法人	児童自立支援施設長，児童自立支援専門員，児童生活支援員，職業指導員，精神科医師（嘱託）
児童家庭支援 センター	利用	都道府県 市町村 社会福祉法人 その他の者	相談・支援を担当する職員，心理療法担当職員

出所）柏女霊峰『NHK 社会福祉セミナー』日本放送協会，2007年，45～46ページ

親族里親，養子縁組里親）や児童養護グループホームも重要である。

それぞれの施設の専門職員の任用資格は多岐にわたっているが，保育士や社会福祉士の資格を有するものや大学において，社会福祉学，心理学，教育学，社会学などを専修する学科を卒業したものが中心となっている（図表１-17）。

家庭的養育（里親制度）

里親制度には，期間を２年以内とし，きめ細かな専門的ケアを必要とする子どもを養育する専門里親と親族里親と呼ばれる保護者がいない子どもを３親等以内の親族が引き取り養育する方法と，保護者に監護させるのが不適当とみられる児童を対象とし，期間が１年以内の短期里親がある。また，養子縁組里親の養子縁組を前提とした里親制度がある。

注）

１）社会福祉の動向編集委員会『社会福祉の動向2007』中央法規，2007年，130ページ

２）高橋重宏編『子ども家庭福祉論』放送大学教育振興会，1998年，12ページ

３）社会福祉士養成講座編集委員会『児童福祉論』社会福祉士養成講座，中央法規，2007年，２ページ

４）Kadushin Alfred, *Child welfare service*, 2nd ed., Macmilan publishing Co. Inc., 1974.

参考文献

社会福祉の動向編集委員会『社会福祉の動向2007』中央法規，2007年
高橋重宏編『子ども家庭福祉論』放送大学教育振興会，1998年
社会福祉士養成講座編集委員会『児童福祉論』社会福祉士養成講座，中央法規，2007年
川池智子編『児童家庭福祉論』学文社，2005年
厚生労働省監修『厚生労働白書（平成19年版）』厚生労働省，2007年
柏女霊峰『現代児童福祉論』誠信書房，2007年
網野武博『児童福祉学』中央法規，2002年
柏女霊峰『子ども家庭福祉・保育の新しい世界』生活書院，2006年
山縣文治編『よくわかる子ども家庭福祉』ミネルヴァ書房，2007年

◆読者のための参考図書◆

『厚生労働白書』各年度版

児童家庭サービスを含む厚生労働行政の全般にわたり，最新の動向と政府の取り組みについての報告がしてあり，取り組みを理解することができる。

国民の福祉の動向編集委員会『国民の福祉の動向』厚生統計協会，各年度版

児童家庭福祉の実施体制や児童福祉施設，具体的サービスの動向について，基本的な解説や統計資料が詳しく載っている。統計資料の分析には最も適している。

社会福祉の動向編集委員会『社会福祉の動向』中央法規，各年度版

社会福祉の全般の動向を示すとともに，分野別社会福祉の現状分析がなされている。社会福祉の制度にとどまらず，公的扶助，所得保障，医療保険制度などの社会保障の中核を構成する各分野にわたり，最近の動向を解説している。

柏女霊峰『現代児童福祉論』誠信書房，2007年

児童家庭福祉サービス全体の最新の現状と課題について，分析・解説及び考察をしている。児童福祉の課題と今後の展望を理解することができる。

遠藤久江監修『子どもの生活と福祉』中央法規，2000年

社会福祉の制度が大きく変革し，自己決定，契約，自己選択などが提案されているなか，子どもの権利を支える理念や子どもの権利などを分析している。子どもの権利については，児童憲章，権利条約などを中心として分析・解説している。

福祉士養成講座編集委員会編『社会福祉士養成講座4　児童福祉論』中央法規，2007年

社会福祉士養成講座のテキストである。社会福祉士受験テキストのため児童福祉全体にわたって網羅しており，わが国の児童福祉の最新の情報や実情が理解できる。重要な制度改正についての解説も理解しやすい。

柏女霊峰・山縣文治編『新しい子ども家庭福祉』ミネルヴァ書房，2002年

児童福祉から子ども福祉への転換，少子化や現代社会の問題点などを分析している。子ども家庭福祉の全体像を明らかにしていると同時に今後の方向性も示唆している。

鈎治雄・寺島健一・柴田博文・和田光一編『子どもの育成と社会』八千代出版，2003年

教育・心理・少年法・福祉から子どもの育成をキーワードにしながら現代社会における子どもを取り巻く問題などを解説している。福祉においては，非行や虐待の今日的問題を分析している。

山縣文治編『よくわかる子ども家庭福祉』ミネルヴァ書房，2007年

初めて児童福祉や子ども家庭福祉を学ぶ人のことを考えて，子ども家庭福祉を学習するポイントを項目として取り出し解説をしている。

◇**演習課題**

① 児童家庭福祉の理念について分析するとともに，子どもの最善の利益をはかるための制度について調べてみよう。

② 子どもとは何かを分析してみよう。とりわけ，法・条約における定義について調べてみよう。

❊考えてみよう

① 子どもをめぐる現代社会の諸問題についてまとめてみよう。

② 子どもの権利保障に関する自治体の取り組みについて調べてみよう。

③ 児童家庭福祉のサービス体系についてまとめてみよう。

第2章　児童家庭福祉の展開

スウェーデンの女性思想家E.ケイ（Key, E.）は，『児童の世紀』（1900）を著し，20世紀を児童の世紀とするべきであると述べた。彼女の世紀の節目に書かれた著作には新世紀に対する希望を見て取ることができる。しかし残念ながら世界規模の2つの大戦があり，その後も幾多の戦争や内戦，発展途上国での疾病と飢餓，先進諸国でのいじめや虐待など絶えず弱い立場の児童が犠牲となってきた。

一方，20世紀は先進諸国に社会保障・社会福祉制度の整備を促し，1924年に「児童の権利に関するジュネーブ宣言」，1959年に「児童権利宣言」，1989年に「児童の権利に関する条約」など，児童の生活と権利を保障し擁護する法律の制定が進んだ世紀でもある。

本章では，どのような経過をたどって児童の権利を認め，福祉を守るようになったかを，欧米社会，主としてイギリス，アメリカと，日本の児童福祉の歩みについてみていくことにする。

キーワード　**バーナード・ホーム，白亜館会議，石井十次，石井亮一，留岡幸助，糸賀一雄**

1．欧米の児童福祉の歩み

古代ギリシアの都市国家スパルタでは，児童は，健康で強く，将来国家に貢献し得る者のみがその存在価値を認められ，国家の負担となるような弱い子，障害児などの存在は認められず殺害された。

古代ローマでは，前2世紀にグラックス兄弟の弟カイウスの時代，貧困市民に対し一種の児童手当を支給するなど，私的慈善事業も行われるようになった。

ローマ皇帝コンスタンチヌスは，313年ミラノ勅令によりキリスト教を国教として公認，使徒パウロの慈善理論がヨーロッパに拡がっていった。

779年フランク王国のカール大帝は，修道院において遺孤児の救済と養育を命じた。また，795年にはミラノにダートスによる捨て子の養育施設が開設されている。この時期の慈善の形態は，修道院の慈善と施療院に代表される。修道院の慈善は当時のキリスト教の権威を示し相対的に大規模な救済をもたらした。特にクリューニー修道院では慈善係という身分の高い僧が貧民保護の責任者となり，病人の家を訪問して援助を与えた。修道院は修道会に組織されているが，慈善のなかでも特記されるべき活動を行ったのが，フランチェスコ会であり，慈善の世界で顕著な業績を残しており，中世慈善の最高峰といわれる。

10世紀頃に完成された中世ヨーロッパの封建社会は，領有地における封建領主と農奴という関係を基盤とし，生活共同体を形成していた。封建領主の領有地における農奴の生活は，地縁血縁を基本とした生活共同体であり，強力な連帯意識と相互扶助が存在していた。生活に困窮する病人，障害児・者，老衰者，孤児，寡婦等に対しては，生活共同体のなかで相互に助け合う形で対応していた。

また，11世紀末頃になると封建領主による社会も安定し，商業活動が活発化し，領主の保護育成のもとに都市が発達しはじめる。都市の基本的な構成単位はギルドで商人ギルドや手工業者ギルドが発生した。商人ギルドは量目を統制して市場の独占をはかり，都市の自治権獲得にも大きな役割を果たして富裕層を形成した。手工業者ギルドは同業者の権益を守ろうとし，仲間のさまざまな生活上の困難に対しては，相互に助け合うということを生活共同体と同じようにしていた。一方，領民の生活上の困難に対応していたものにキリスト教の慈善があり，生活共同体，ギルド等の相互援助の網の目からこぼれ落ちる者に対して，キリスト教の施療院や救貧院が救済する役割を果たしていた。施療院は，現在の病院とは違い医療的治療よりは保護を目的としたものであった。これらの施設は老人，病人，児童などの援助を必要とする人びとの一般的な収容施設であり，修道院の慈善と私人の個人的な慈善など，経営費用は寄付によって運営されており，ギルドの建設したものもある。

(1) イギリスの児童福祉の歩み

イギリス社会は，中世末には農村にも商品経済の浸透がいちじるしく，領主の搾取に抵抗して農民の反抗が高まり，農奴制がゆるんできた。特に，1348～49年のペスト（黒死病）の大流行は労働力不足をまねき，これを契機として農奴制は一層ゆるんで事実上自由な独立自営農民を生み出していった。しかし，同時に領主による，囲い込み（エンクロージャー：enclosure）が行われた。領主のそれは，海外貿易を目的としたもので，牧羊のために大土地が必要となり，農民を土地から追放することになったのである。土地を奪われた農民たちから，大量の貧民が生み出され，孤児をふやし，児童が農村で生活する場を失い，大都市であるロンドン市に流入する結果をまねいた。さらに1536年のヘンリー8世による宗教改革（ローマカトリックからイギリス国教会へ改宗）による教会領の没収と修道院の解体等が，大量の貧民，浮浪者，棄児，犯罪者を生み出すこととなった。1547年に制定された法律では，浮浪者を奴隷として使役することを認めているが，それ以前に制定された1531年法および1536年法では，労働能力を有する乞食に対して厳罰を呵した。しかしながらこのような大量の貧民の発生に対して，そのまま放置しておくことは絶対王政を危うくしかねないことから，国家的対策が必要となり，1601年エリザベス1世統治下に集大成され，エリザベス救貧法（旧救貧法）として成立した。

①　エリザベス救貧法（旧救貧法）

ヘンリー8世の娘として生まれたエリザベス1世は，父王の時代からの法律および自身の治世下の1572年法，1576年法，1596年法を1601年に集大成させた。

このエリザベス救貧法は，救済の対象である貧民を労働能力の有無を基準とし，労働可能な有能貧民，労働不可能な無能貧民，扶養義務者による扶養が保障されない児童に区分した。労働可能な有能貧民には，道具と材料が用意されて労働が強制され，労働不可能な無能貧民には，祖父から孫にいたる直系血族の扶養義務を前提に生活の扶養が行われ，児童（男24歳，女21歳まで）は徒弟に出された。この法律は救貧法と呼ばれているが，貧民を救済するよりも抑圧的に管理するものであり，児童の従弟措置と合せて安い労働力を得ることを目的としたものであった。この背景には，海外貿易に対する競争力をつけるための狙いがあり，労働を拒否する有能貧民は懲治院に収容され処罰された。

1640～1660年のピューリタン革命は絶対王政を倒し，中央集権的行政機構を打ち壊したが，救貧法そのものは継承された。貧民対策の必要性はいぜんとして高く，初期資本主義の発展に適合させうる性格を救貧法はもっていたのである。

ピューリタン革命以後の支配的貧民観を，「貧乏の新薬」と呼び，① 貧民問題を健全な営利原則にもとづいて処理しようとする，② 貧民は怠惰であり，過酷に扱うべきで，甘やかすことは危険である，③ 下層階級は怠け者なので，貧乏にしておかなければ働かない，というものであった。

エリザベス救貧法の最初の改正（部分）は，1662年の定住法であり，貧民の救済受救資格を厳しく制限し，教区の負担を軽減するものであった。その後，貧民の移動とその救済に対して，1722年労役場テスト法が制定された。この法令では，労役場（作業所）に入所することを望まない貧民の救済は拒否され，救済の条件として労役場（作業所）へ入所することを求めたのである。この法令は，救済抑制の方法としては過酷な生活と労働を強制することが一般的となり，あらゆる種類の貧民を無差別に収容する非人間的な処遇が行われ，特に児童や老人，病人など稼働能力をもたない貧民を犠牲にした。労役場での収容者の酷使は種々の弊害を生み，聖職者や人道主義者たちから厳しい批判を浴びたのである。

そのため，1782年ギルバート法が制定されたが，それは労役場テスト法，特にその請負制度を批判し，労働可能貧民のなかの労働意欲をもつものに対しては貧民監督官がその管理下で就業を斡旋することを優先し，それが可能となるまで在宅での救済を認めた（院外救済を原則）とする。無能力貧民に対しては悪名高い労役場を収容施設として使用したのである。

産業革命と平行して第2次囲い込みのピークが農業革命のなかで進展し，イングランド南部においては農業労働者が激増するなかで，凶作の影響も加わり，彼らの困窮が深刻になり，社会不安が高まった。1795年イングランド南部のバークシャーの治安判事が集会をもち決議した方式が，スピーナムランド制度あるいは賃金補助制度と呼ばれている。これは家族の人数とパンの価格をもとに算定された最低生活基準を制定し，職のない者および低所得労働者に対して在宅で救貧税から手当てとして支給する制度であった。

②　産業革命と新救貧法

イギリスにおける産業革命は18世紀の半ばから19世紀にかけて約70年から80年間であるが，機械の発明・改良などにより生産力を飛躍的に増大させたけれども，資本主義の階級的構造のもとでは生産力の向上は勤労者の福祉に直接結びつくことはなかった。機械を置いた多くの工場では職人の旧い熟練を必要とせず，賃金の低い婦人・児童労働を大量に出現させ，１日16時間におよぶ長時間労働と極端な低賃金を生み出し，一般労働者の失業，窮乏化をもたらしたのである。また，蒸気機関の発明は新興産業都市を生み出した。これらに集中された労働者の住居は上・下水道もない劣悪なもので，大気汚染や水質汚濁などの公害がひろがっていった。これらの劣悪な労働条件，非人間的な住宅・環境条件は労働災害や職業病，伝染病のまん延や栄養失調をひきおこし，労働者の健康を破壊した。児童労働（工場の煙突掃除）は子どもたちから教育の機会を剝奪した。

このような従弟を中心とした児童労働の悲惨さに対して，オーエン（Owen, R.）らによる人道主義的立場から児童保護の努力がなされ，児童の保護を目的として，1802年，最初の工場法といわれる「従弟の健康と徳性を守るための法律」が成立した。その後いく度かの改正を経て，1833年の工場法によって，９歳未満の児童の雇用の制限や，労働時間の制限等が規定され，児童がその苛酷な労働から多少なりとも保護されるとともに，一定時間の教育を与えることを工場主に義務づけるものであった。児童が教育を受けることができる第一歩となった。1870年には初等教育法が成立し，児童の教育的側面がいっそう強化された。児童を労働する側面のみからみていたそれまでの児童観から，次代を担う国民として教育していくという児童観に変化していったのである。

1601年に成立したエリザベス救貧法は，200年以上にわたって救貧対策の基本法として存続してきたが，1834年新救貧法が成立した。新救貧法成立の背景には，スピーナムランド制度による救貧費の増加に対する資本家からの非難と，当時の指導的経済学者マルサス（Malthus, T. R.）の『人口の原理』による批判がある。マルサスによれば，公的救済は貧民を怠惰にして独立心を失わせ，有害無益なものである。唯一有効な対策は貧民の自助・思慮による人口抑制以外にはない。そのためにマルサスは，晩婚主義を唱え，主張した。

新救貧法は，① 救済水準の全国均一の原則，② 労役場（作業所）制度の原則，③ 劣等処遇の原則という 3 つの新しい柱によって成立されている。

劣等処遇の原則とは，救貧費によって救済を受ける者はいかなる場合においても働いている最下層の労働者の状態よりも快適であってはならないとし，労役場（作業所）制度の原則で，働ける有能貧民の居宅保護（院外救済）を廃止して救済は労役場（作業所）に限定するというものであり，被収容者は労働を強制され，その見返りに最低限度の食物となんとか身体を横にできる程度の寝床が与えられるといった苛酷で厳しい扱いをしたのである。その結果，児童の場合には救済されるよりも死を選ぶものが多かったといわれている。

この法案成立当時，あまりにも厳しい内容であったためにコベット（Cobbett, W.）を中心とする反救貧法運動（別名チャーチスト運動）が展開されるようになる。

③　慈善事業と児童保護事業

慈善事業は自由主義的なものであり，公的救済よりも民間の慈善の方が自助の努力を損なうことが少ないので優るとし，貧民には適切な救済を与えてこれを励ますという類の自発的な慈善が行われるようになる。それは有名なチャルマーズ（Chalmers, T.）の隣友運動として知られている。彼は，組織的な救済を試みて成果をあげ，その指導方針は自助を重視し，「施与者であるより友人であれ」と友愛訪問を説いて，後の慈善組織協会（COS）運動の先駆となった。

慈善組織協会（Charity Organization Society）は1869年にロンドンに創設され，運動を展開した。この運動の中心的指導者には，ロック（Loch, C. S.），ヒル（Hill, O.）らがいる。このCOS運動は，のちにアメリカで社会福祉援助技術の主流をなしていくケースワークとコミュニティ・オーガニゼーション活動の源流となっている。

一方，慈善事業のなかで貧困の社会的性格の認識に到達し，社会事業思想の原点となったのはセツルメント運動であった。その思想の中心的人物がデニスン（Denison, E.）であり，慈善的施与では貧困は解決せず，教育の欠如が貧民の生活の主体性を失わせていることに注目し，知識人による教育的環境の創出こそが重要課題であるとした運動を展開した。彼の死後，活動はバーネット（Barnett, S.）にうけつがれ，1873〜1893年の20年間におよぶ大不況期に本格的発展をとげ，1884年にバーネットの指導のもとでトインビ・ホール（世界最初のセツルメントハウス）がロンドンに建設された。

また，この時期における児童保護の面で最も有名な一人がバーナード（Barnardo, T. J.）である。彼は児童保護の革新的実験を行い，兵舎制（大規模）から小舎制への移行を試みたバーナード・ホームを1870年に設立した。これは現代的児童養護施設の原型ともいえるものである。また，産業革命期の教区徒弟の弊害から一時棄て去られていた里親委託も試みている。浮浪児，孤児の救済・保護のために活動する全国児童ホームが1869年に設立されている。

また，1883年にはリバプールに児童虐待防止協会が結成され，その後，全国的に広がり，1889年には児童虐待防止法ならびに保護法の成立までに発展していった。児童自身が権利の主張もままならない時代にあって，児童の保護のための法律で，イギリス議会のなかでは児童憲章（1908年の児童法により）とも呼ばれたものである。この虐待防止協会については，アメリカでは1874年に設立されている。

産業革命後の資本主義社会の発展は，低賃金労働を助長し，膨大な貧困家庭を出現させ，劣悪な衛生環境，栄養不良状態にともなって出生率の低下をまねき，乳児の高い死亡率をもたらした。このような悲惨な状況の改善のために，民間ボランティア団体によるミルクの無料配給や保健師の訪問サービスが救世軍（ブース, W. によって1878年創設）などによってはじめられ，やがて地方自治体に引き継がれていった。このような対応が1902年の助産婦法，1906年の学童給食サービス，1907年の学童保健の実施などへと発展していった。

④　児童福祉制度の基盤整備

1908年，それまでの児童虐待防止法をはじめとする要保護児童の保護と非行少年の処遇を統合するものとして，イギリス最初の児童法が成立した。里子の保護，児童虐待の防止，少年犯罪者の訓練や福祉的処遇，乳児のあずかりや無認可の貧児養育所の規制などを集大成し，児童保護に大きな前進をもたらした。

1909年には「救貧法および失業者に関する王命委員会」の報告書が出されたが，多数派と少数派の２つの意見報告を行った。多数派は基本的には従来の救貧法を踏襲する考え方で，ロックをはじめとするCOSの人びとであり，少数派はフェビアン協会のウェッブ夫妻であり，救貧法そのものの廃止を主張した。特にウェッブ夫妻（Webb, S./Webb, B.）は労働者階級の立場を反映し，貧困の原因は疾病，低賃金，失業など社会的なものであり，貧困者をそうでない市民と区別する必要も根拠もなく，貧困者はそのニーズに応じた援助サービスが受けられるべきであるとした。児童の保護も地方当局に一括するべきであると提案し，ナショナル・ミニマム（最低生活の保障）の実現を主張した。

また，1918年には，託児・保育サービスを必要とする母子のために出産・児童福祉法が制定されている。1926年にはすべての児童に中等教育を与える原則に立って，義務教育を15歳まで引き上げることなどを答申する報告が発表されて，大きな影響を与えた。また，同年には，養子を搾取や虐待から護ることを目的とした養子法が制定され，1933年には児童・青少年法が成立した。この法律は，児童保護の対象年齢を16歳から17歳に引き上げ，保護を必要な児童に対する規定をさらに改善・拡充した。その内容は，雇用の制限を設け，教育を受けることを最優先とすること，児童の虐待防止の強化を図ること，犯罪少年の処遇を刑罰から社会復帰とソーシャル・サービスを目的とする福祉へと転換することなどであった。これらの一連の立法化をとおしてジュネーブ宣言にみられるような児童保護を重視する実践を行ったが，第二次世界大戦前の段階での児童福祉制度の体系的な整備が図られたのである。

⑤　第二次世界大戦後の児童福祉の展開

第二次世界大戦中の1942年，イギリス国民の生活をウェッブ夫妻が主張した「ゆりかごから墓場まで」と呼ばれる社会保障を実行するというベヴァリッジ（Beveridge, W. H）による報告書が出された。「ベヴァリッジ報告（正式名，「社会保険とその関連諸サービス」)」は，均一給付・均一拠出等の６原則に立った社会保険を中心とするもので，その前提条件となる児童手当，包括的保健サービス，雇用維持に関する提案等も含まれていた。戦後の1945年に成立した第３次労働党内閣によって，イギリスの社会保障の確立は，ほとんどこの線にそって行われたのである。

1946年には要保護児童に対する処遇に関するカーチス（Curtis, M.）報告書が出されている。この報告書は要養護児童への対応について，中央政府と地方当局との分割の弊害を指摘し，一本化する必要があることや，里親による養護，小規模施設における養護の重視等を提言したが，これを受けて1948年児童法が制定された。児童法では，地方公共団体に児童福祉委員会や専門職を設置し，児童福祉に関する行政機構の整備が図られた。

1963年には児童の福祉を護る直接の責任者である地方当局の権限を規定した児童青少年法が制定され，1969年には非行少年に対してコミュニティホームという新しい施設による処遇方式を導入した児童青少年法が制定されている。このコミュニティホームにおける処遇は，児童の問題行動が，不安定な家庭環境に起因していることから，家庭に代わる治療的な環境を与え，情緒的安定を図り，問題行動の改善を図ろうとするものである。ホームでは最大60人位の児童が，８人から12人で１つのグループをつくり，それぞれのホームで専門職員の指導・援助の下で生活するというものである。1972年には新しく中央ソーシャルワーク教育訓練協議会が設置され，入所施設のワーカーをソーシャルワーカーの一部としてとらえ教育訓練する体制がとられた。

1978年の児童保護法は，児童の性的虐待を防止する重要な法律であった。また，1980年には児童の福祉を護るための既存の制度の予防的側面と保護的側面を統合した児童保護法が成立したが，1989年に国連で採択された児童の権利に関する条約と時を同じくして，児童法が改めて成立した。司法では，児童福祉に関する地方自治体の責任の明確化，18歳までの親による監護・養育の責任，児童・親との関係機関とのパートナーシップ，児童の権利の擁護等が強調されている。

(2) アメリカの児童福祉の歩み

アメリカにおいては，17世紀に入って植民地化が進行するにともない，広大な未開の自然に対して労働力が不足していることもあって，植民地人の生活信条として，勤労・節約の美徳がことさらに強調され（プロテスタントの倫理観による），児童は未来の労働力として従弟あるいは農家委託として働く習慣をつけさせられていた。

植民地の救貧制度は，母国の救貧法がそのまま移入されていた。アメリカにおける救貧法は1646年南部のバージニアにおけるもので（バージニア救貧法），翌1947年には北部のロードアイランドで植民地救貧法が制定されている。当時の貧民救済は一時しのぎ的なものであり，食料・種子・衣類・薪炭などの現物支給を中心とした居宅保護で行われた。

18世紀になると公立の救貧院の設立が始まり，ヨーロッパの慈善施設にならい，民間の慈善団体によって孤児院など児童施設がつくられている。孤児院の最初のものは，1729年ニューオリンズで修道院の手によってつくられたが，それは1729年，ルイジアナでインディアンによる大虐殺があり，孤児が多数できたのが直接の原因であった。つづいて1740年頃，ホイットフィールド（Whitefield, G.）の伝道によって，アメリカで二番目の孤児院が創設されている。ホイットフィールドは，英国メソジスト派の牧師でアメリカで伝道に努めた。開拓地では，親が死に，残された子どもたちが多数いたが，世話する者のない有様であった。彼はこの悲惨な姿に胸を痛め，孤児院を建てて子どもたちを育て教育しようと思いつき，多額の寄付を集めた。彼は貧児に衣食住を与えるとともに，宗教教育や基礎教育を施していたが，当時の児童への教育は，開けゆく植民地の労働力としての陶冶を直接の目的としていることから，施設における教育もおのずとこの枠内のものであった。このような原型は，1642年に，マサチューセッツで出された公教育立法の先駆である「マサチューセッツ教育法」にみることができる。学校を設置することの目的として，児童を学習と労働において，また公共の福祉に貢献する職業のために訓練を行うと規定している。したがって孤児院での教育は，一般児童との関連でさらに厳しい労働をともなったものであったことはいうまでもない。

1776年に発せられた独立宣言以後，孤児院の数も次第に増し，1850年には全米で75ヵ所になっていた。1874年にはニューヨーク児童虐待防止協会が設立されている。

1877年にはイギリスで発達していた慈善組織協会（COS）がアメリカに移入され，バッファローに初めて設立された。この活動はそれ以後，自由放任主義思想を背景にアメリカの個人主義を反映して各地に広がり，1892年には大都市を中心に92団体が設立された。この団体による活動から後に，ソーシャル・ケースワークやコミュニティ・オーガニゼーションなど，いわゆる社会福祉援助技術の母胎として，アメリカの土壌に根をおろしていった。ソーシャル・ケースワークの母と後に呼ばれるリッチモンドは，COSの有給職員であったことは有名である。また，1878年以後の全米感化救済事業会議においては，ケースワークの母胎となった友愛訪問の必要性がしばしばとかれている。

1880年代以降アメリカ資本主義はさらに発展し，独占資本主義の段階へと移行しはじめると同時に，大都市には新移民の住むスラム街が数多く形成されていった。そのスラム街に社会改良主義思想に基づいたセツルメント運動がイギリスから移入されてきたが，アメリカ最初のセツルメントは，1886年ニューヨーク市のイースト・エンドにコイト（Coitt, S. A.）によって創設されたネバフッド・ギルド（隣人ギルド）である。この創設はバッファローにCOSが誕生してから約10年後であるが，COSへの反動という性格も多分にあり，そこで働くセツラーたちは，自らを慈善事業家とは思わず，生活困窮の根源を除去する活動を行った。アメリカで特に有名なセツルメント活動は，1889年にシカゴ市に設立されたハル・ハウスで，創設者のアダムス（Addamas, J.）は，後の1931年にノーベル平和賞を受賞している。また，1889年にニューヨーク市にカレッジ・セツルメントが，1890年にボストン市にアンドーヴァ・ハウスが設立されている。セツルメント活動は日本にも移入され，1897（明治30）年，片山潜が東京神田三崎町にキングスレー館を設立している。

セツルメント活動は，後のグループワークの発展に大きく貢献した。このようなセツルメント活動は20世紀に入ると，労働運動と社会保険運動を展開させ，社会事業を社会改良運動へ大きく傾斜させることになるのである。

1909年，ルーズベルト（Roosevelt, T.）大統領のもと「要保護児童の保護に関する会議」が召集された。いわゆる第１回児童福祉白亜館会議（White House Conference）で，この会議では，孤児問題や家庭教育などについて討議が行われ，「家庭生活は，文明の所産のうち最も高い，最も美しいものである。児童は緊急なやむを得ない理由がない限り，家庭生活から引き離されてはならない」という声明が発表されている。これは家庭で児童が養育されることの重要性を指摘し，連邦政府に対しては児童の保護と教育の公的実施を求めるとともに，各州に民間団体の指導を行うなどの強制力をもった連邦児童局の創設を勧告した。これを踏まえ，1912年に次の大統領タフトによって労働省内に児童局が設置された。

この第１回児童福祉白亜館会議は，その後のアメリカの児童福祉を方向づけたものとして位置づけられている。それはやがて1931年の第3回白亜館会議（児童の保健および保護に関する会議）においてアメリカ児童憲章となって結実した。この憲章では人種や出生地，境遇等を問わずすべての児童の権利が明記され，その後の施策にも影響を与えている。

1929年からはじまった世界大恐慌のなか，大量の失業者，貧困者が出現し，社会不安が生み出されたが，児童の生活にも大きな影響を与えた。チャップリンの映画「キッド」にも当時の貧児・孤児の姿が描き出されている。1933年世界大恐慌の危機的状況を克服するために登場したルーズベルト（Roosevelt, F. D.）大統領は，ニューディール政策をすすめた。その基本的な考え方は，それまでの自由放任主義を放棄し，国家による国民生活への積極的な介入であった。すなわち政府が積極的に経済活動に介入する政策であり，大規模な公共事業による雇用の確保や社会保障法の制定等であった。

1935年に成立した社会保障法は，世界で初めて社会保障という言葉が採用されたものであるが，老齢・失業・遺族保険等からなる社会保険制度，老齢者，視覚障害者，要保護児童等の困窮者に対する公的扶助，母子保健サービス，肢体不自由児サービス，児童福祉サービス等の社会福祉サービスから構成されていた。

第二次世界大戦終了後は，経済的発展のなかでの女性の社会進出と家庭崩壊の増加，1960年代の貧困の再発見，黒人の権利運動（公民権運動），ベトナム戦争等激動する社会のなかでの児童・家庭問題の深刻化が進行した。またその後においても，離婚と再婚を繰り返す複雑な家庭環境のなかから生み出される非行等の児童の問題行動の増加，ひとり親家庭の増加とその貧困，さらには麻薬の使用，虐待の増加がみられ，現代のアメリカの児童福祉問題となっている。ちなみに母子世帯の割合も，1950年の8.2％から1985年には10.4％と増加している。

1972年，デンマークで生まれ，スウェーデン，イギリスの福祉活動のなかから発展したノーマライゼーション思想が，ヴォルフェンスベルガー

(Wolfensberger, W.) によって普及するにいたり，児童福祉施設のあり方も，ノーマライゼーションを背景とする脱施設化運動（Deinstitutionalization movement）が展開された。この間，要養護児童に対する代替的サービスは，里親による養護を中心としながら，大きな集団で１つの生活体を形成している大舎制から，地域のなかの普通の一軒家で６〜７人で生活するグループホームによる形態へと移行している。まさに脱施設化運動の実践によるひとつの成果である。

連邦レベルでは，1984年に家庭内暴力予防サービス法が制定され，全米各地からの相談に24時間対応できる電話ホットラインが活動している。児童虐待対策に熱心な努力がみられる反面，保育サービスの提供はサービスの内容，従事者の労働条件に改善の余地が残されていた。

障害者福祉については，1990年に ADA（障害のあるアメリカ人法）が制定された。また，1992年のリハビリテーション法改正は，処置にあたって本人の意志を尊重することが義務づけられた。

1997年10月，クリントン大統領は「保育に関するホワイトハウス会議」を開催するなど，安価で安全な福祉サービスの必要を認め，従事者の研修等資質の向上に努めたが，2001年１月，ブッシュ大統領の共和党政権が生まれて以来，所得格差の拡大による貧困層の拡大が続き，社会保障費の負担額をますます増大させている。今後の児童福祉に対する施策のあり方にも注目が必要である。

この間における国連等の国際機関・組織等による児童の権利，福祉のための啓蒙運動等についてみると，1924年には国際連盟において，ジュネーブ宣言として知られる５か条からなる児童権利宣言が採択されている。また，1959年には，国際連合第14回総会において，児童の権利に関する宣言が採択され，さらには1989年の第44回国連総会で，それまでの２つの権利宣言と比べてはるかに内容の豊富な，全54条からなる児童の権利に関する条約が採択された。この条約は，従来の保護的児童観に加えて，意見表明権等，児童を権利の行使主体ととらえ，児童にかかわる意思決定への参加権を規定したところに特徴がある。

2．日本の児童福祉の歩み

(1)　明治期以前の児童保護

わが国の社会福祉の歴史をさかのぼると，古くは朝廷を中心とした公的救済制度が存在している。それはわが国における児童救済事業と同一のものであり，仏教思想による慈悲を背景として，聖徳太子が593年に大阪四天王寺境内に四箇院（悲田院，敬田院，施薬院，療病院）を設けたことが始まりとされている。このうち悲田院を孤児，捨て子の収容保護に当てたとされている。現在も天王寺駅のある地域は，悲田院町と呼ばれ，児童養護施設が社会福祉法人によって運営されている。

また，唐の律令制度の影響を受けて制定された大宝律令を改正した養老律令は，718（養老2）年に「戸令（こりょう）」の制度を発令している。この戸令では，当時の救済対象を具体的に「鰥寡孤独貧窮老疾，自存不能者」と定めている。これは戸令を解説した「令義解（りょうぎのげ）」によれば，鰥（かん）は61歳以上で妻のない者，寡は50歳以上で夫のない者，孤は16歳以下で父のない者，独は61歳以上で子のない者，貧窮は財貨に乏しい無産の者，老は66歳以上の者，疾は疾病者のことである。これが古代社会における仏教慈善による児童保護のはじまりであった。同じように仏教慈善による救済活動を行った人物に，奈良時代の僧侶行基が存在する。行基の慈善活動は直接児童の救済には当たっていないが，諸国を遊歴しながら，貧しい民衆に対し伝道と救済を各方面で行っている。行基は困窮にあえぐ庶民のために架橋，泊水，堀などの土木事業を行うと同時に，京の造営などに集められた役民などが，往復の途中で飢えや疾病になって困窮する際にこれを収容救済する「布施屋」を設置したことである。

このほか奈良時代の代表的な慈善家としては，光明皇后の仏教慈善がある。光明皇后は，730年に皇后官職に施薬院と悲田院を置き，皇后みずからこの事業にあたったことや，貧民に対する施浴や，らい患者の救済をしたとも伝えられている。当時の国営寺院であった国分尼寺を各地に建立し，施薬院や悲田院を併設したことから地方に広がったといわれている。奈良の興福寺に悲田院の跡が残されていることからも当時の様子がうかがえる。

また和気清麻呂の姉で，尼法名和気広虫こと法均尼は，764年の仲麻呂の乱以後に全国的な凶作があり，飢民が多く，棄子が続出したので83人を引き取って養育する児童保護事業を行っている。

平安時代には，弘法大師空海が生国の讃岐（香川県）で農耕用に満濃池を築くなど，農民救済の土木事業に尽力し，さらに日本初の庶民を対象とした教育機関である綜芸種智院（しゅげいしゅちいん）を828年京都九条に建てた。

鎌倉時代に入ると，封建社会では，親の権力は一層強くなり，親に対して子どもは絶対服従といった忠孝思想が支配し，児童は独立した人格をもつ存在としてみられず，単なる労働力や商品とみなされ，人身売買も行われていた。

仏教慈善としては，浄土宗の僧であり，東大寺の復興や湯屋の設置，囚人保護を行った重源がおり，律宗の僧で非人保護や囚人保護を行った叡尊，その弟子で，鎌倉極楽寺に施薬，悲田，療病，薬湯寮，らい宿などいくつかの施設を設置した忍性がいる。また，領主大名による私的慈善では代表的人物として，北条泰時，時頼がおり，病者，孤児などの飢民を救済している。

室町時代から戦国時代にかけては，戦乱のなか，農民，町民の暮らしは貧しさを極め，相互扶助も機能せず，堕胎，間引き，子女の売買等が後を絶たなかった。キリスト教の伝来から慈善救済活動がはじまるのも中世社会からであり，戦国時代に来日したフランシスコ・ザビエルとルイス・アルメーダがあげられる。

ザビエルは1549年ジェスイット派の宣教師として来日し，約３年間滞在し布教をするが，その間，豊後府内（大分県大分市）の城主大友宗麟に慈善救済の必要を勧誘するとともに，長崎，大分，山口，京都等において養老，孤児，難民などの救済を行った。ルイス・アルメーダは，ポルトガルの商人で1555年に来日し，私財を投じて孤児院，療病院などを開設し，キリスト教慈善と西洋医学を伝えた。特にアルメーダは，堕胎，間引き，子女の売買等が行われていることに驚いたようである。また，大分では日本で最初の西洋式手術が行われている。

江戸時代に入っても，幕府と藩の搾取とたび重なる天災，飢饉等で農民の生活は困窮を極め，そのつど，堕胎，間引き，捨て子等の育児制限を余儀なくされていた。このことは働き手や人口の減少にもつながることから，幕府は1690年棄児禁止の布令を出している。こうした慈善救済に関係した人物としては，儒教の山鹿素行がおり，貧困防止策として扶養義務を強調している。また1767年には間引き禁止令を出しているが，経世思想家の本多利明などが，フランスの救貧制度の紹介や，間引き防止の養育制度などさまざまな救済論を述べたことにもよる。さらに城下町の拡大とともに貧困の非人乞食などが増大し，1780年には，深川森川町に大規模な無宿養育所が設けられた。また10年後の1790年には，長谷川平蔵によって，石川島に人足寄場が設けられた。救済対象の多くは農村地方において出現し，それが都市部へ流入して下層農民となる傾向が強かったから，幕府はとくに五人組制度を強化して，農村崩壊をくい止める方策にでた。それは村落共同体の自治組織であると同時に，納税確保を完全に遂行させる責任を持たせ，村落内での相互扶助を行うというものであった。地方では天命飢饉時においてひとりの餓死者も出さなかった出羽米沢藩の藩主上杉治憲がいる。また幕末には，荒廃した農村を復興させようと「報徳社」運動をおこした二宮尊徳や，慈悲無尽講を設立した三浦梅園，東北では秋田感恩講をはじめた那波祐生など多くの事業家が出ている。

また看病人もいない極貧病者に対する救療施設として，1722年に8代将軍吉宗によって，小川笙船が小石川薬園内に「小石川養生所」を開設したが，約150名の収容患者で130年間続いた。院外救済制度としては，1792年に「七分積金制度」があり，備荒や貧民孤児救済などの資金として使用されている。

庶民の子弟に対する教育機関としては，寺子屋があり，寺院の僧侶，書家，神宮，医者，浪人などによる手習いがなされている。寺子屋は明治初年には開設数約1万5000ヵ所にもおよび近代社会建設に一役買う働きを成した。

(2) 明治期から第二次世界大戦終了までの児童保護

① 明治時代の児童保護

徳川幕藩体制の崩壊によって新しく確立された明治政府は，船出から多くの難問をかかえていた。それは全国で約50万人にもおよぶ乞食，浮浪者，孤児であり，これらに対する対策が急務であったが，当時の政府はいまだ無力であり民間の協力が必要であった。東京府下では窮民，乞食などを収容する救済施設の三田救育所がいち早く1869年に開設されている。

政府は，1871年，身分制度の解体，再編成を行う目所に「戸籍法」が制定され，翌年「壬申戸籍」として作成されたが，明治政府による最初の全国的戸籍である。

また，災害窮民の救済を目的に窮民一時救助規定を定め，さらに離散窮民の行旅病者を救済する「行旅病人取扱規則」を制定した。貧農民のあいだでは間引き（子殺し），圧殺，棄児などが多発したので，対策として棄児を個人がもらい受けて養育する場合，その子が15歳に達するまで養育米を支給するとした「棄児養育米給与方」を公布した。大阪でも，大阪府立大貧院が開設されるが，後に小林佐兵衛によって小林授産所として発展している。1872年にはロシア皇太子ニコライ2世が来日し，政府は帝都東京に乞食・浮浪者が居ることは恥であるとし，来日に合わせ東京市内で乞食・浮浪者狩りを実施，その収容先として東京府養育院が開設されている。また同年，日本で最も古い児童福祉施設として，横浜のカトリック修道女会サン・モール会の修道女ラクロット（Raclot, M.）によって慈仁堂が設立されている。

明治政府は近代化を急ぐあまりかなり強引な法律の制定や規則改正を行ったが，廃藩置県による下級武士の失職は貧困問題を引き起こし，1873年の地租改正では，自営農の小作人化と地主の肥大化が促進され，そのために没落した小農民の貧困化が社会問題として浮上してきた。こうした貧困問題に対処するため，1873年には，三つ子を産んだ貧困者に対して養育一時金５円を支給する「三子出産の貧困者への養育料給与方」が制定された。また同年には嬰児殺しに対する処罰規定が設けられている。

1874年，明治時代における救貧制度の代表的なものとしてあげられるのが，「恤救（じゅっきゅう）規則」である。太政官達の恤救規則は全文で５条と短く，その前文には「済貧恤救ハ人民相互ノ情誼ニ因テ」と明記されているように，人々の生活上の困難に対しては人民が互いの情をもって助け合うことが最優先であり，そのことが期待できず，すてておくことができない場合にのみ国家が救済するというもので，わが国の封建時代からの地縁・血縁による相互扶助の救済を基本におくことで国家による公的救済の責任を巧みに回避するものであった。救済の対象も「無告の窮民」とし，放置できない極貧の独身者，労働不能の70歳以上の者，障害・重病等で極貧の者，13歳以下の孤児に限定していた。この法律で13歳以下の孤児を育てている者に対しては，具体的な給付として，年間７斗の米が支給された。また同年，岩永マキとフランス人ド・ロ神父によって長崎県長崎市に浦上養育院が設立された。岩永マキはその後多数の孤児を自分の戸籍に養子として届出，養育している。

1877年，九州で起きた西南戦争の負傷者の救護にあたるため，佐野常民・大給恒によって博愛社が設立されたが，これが1886年日本の赤十字条約加盟に伴い，翌年改称して，日本赤十字社となっている。

児童福祉施設では，孤児及び棄児のための施設として，1879年仏教徒による福田会育児院が開設された。福田会は仏教の福田思想，すなわち田に十分な栄養を施せば，多くの米がとれ，それによって多くの福が得られるとする考え方に基づいたもので，堕胎拉殺防止と棄児の救済を目的としたものであった。さらに1890年には鯛之浦養育院が開設されており，障害児の施設では先駆的なものとして，1878年に京都盲唖院が，1880年には，東京楽善会の東京訓盲院が開設されている。

非行・犯罪の児童に対する対応では，先進諸国の感化教育の思想が導入され，

1880年，小崎弘道の論文が感化教育の契機となった。しかし感化教育の先鞭となったのは，1883年大阪の池上雪枝が神道祈祷所に不良少年を収容し，保護することを目的として私費を投じて設立した池上感化院が始まりとされている。しかも，欧米救貧思想がさかんに流入されることになり，それが日本の自由民権思想形成にも関係をもち，農民の貧困，地租軽減，小作料免除，貧民救済などにも積極的な発言がなされるようになる。民権運動からは中江兆民，植木枝盛，大井憲太郎などがおり，この民権思想の影響をうけて，1885年に高瀬真卿により私立予備感化院（後の東京感化院）が設立された。高瀬は後に児童養護施設錦華学院の開設にもたずさわっている。

明治も中期になると資本家と労働者の階級分化が進行し，貧富の格差が広がり，貧困が社会問題となっても公的救済制度は未整備で，それを補うのは民間人や宗教家や篤志家であった。代表的なものをあげれば，プロテスタントの教徒で孤児救済の先駆者であった石井十次で，1887年「岡山孤児院」を開設している。

石井十次は，イギリスの孤児救済家ミュラー（Muller, G.）の影響を受けて無制限収容主義を唱え1200人もの児童を入所させるまでの施設をつくったが，同時に，イギリスのバーナード・ホームにならって小舎制を採用し，里親委託制度の導入など今日でもそのまま通用する児童養護実践を行った。1890年小橋勝之助が貧児救済の博愛社を設立している（佐野常民の博愛社とは別組織である）。

保育事業では，1890年，赤沢鍾美（あつみ）が新潟市に託児所である私立静修学校を開設したのがわが国最初のものといわれている。1894年には，東京深川の大日本紡績株式会社内に企業内託児所が開設された。また，1900年には野口幽香（ゆか），森島峰の2人のキリスト教徒によって東京四谷のスラム街に「二葉幼稚園」が開設されたが，貧児をあずかる保育施設として，わが国保育事業の開拓的なものであった。この二葉幼稚園はその後，徳永恕（ゆき）によって運営され，母子施設も設立している。

知的障害児の保護については，1890年濃尾大地震は愛知県北西部から岐阜県下にかけて大きな被害をもたらした。そのため災害地には山室軍平，石井十次，本郷定次郎，石井亮一など多くの慈善家が救済活動にのりだし，災害孤児，貧児を引き取ることになった。なかでも石井亮一は，職を辞してまで孤児救済にあたり，20余名の孤女を引き取って自宅を開放し孤女学院とした。たまたまその孤女のなかに2名の障害児がいたこともあって，その教育に苦心をはらい1892年に東京北区滝野川にわが国最初の知的障害児施設として「滝乃川学園」を開設した。彼は，その処遇方法の研究のためにしばしばアメリカへ渡り，フランスのセガン（Seguin, E.）の理論や施設処置の近代的な考え方を導入することに貢献した。滝乃川学園はその後東京都下の国立市で施設運営を行っている。1909年脇田良吉が小学校教員では果たせなかった知的障害児の教育をする白川学園を設立した。また虚弱児のための施設として，同年に東京市養育院が安房分院を設けた。

濃尾大震災の孤児救済に参加した者は多数おり，本郷定次郎は1891年，銀座に設立されていた貧児救育暁星園の規模を拡大し，1892年栃木県下の那須野が原に移転して那須野孤児院暁星園として再出発をはたしている。本郷も1895年にアメリカ社会事業の視察に出かけており，帰国後には東京や横浜に分園を設立している。彼の仕事を支援したのは栃木婦人会を創立した平岩幸吉や，上毛孤児院を開設した金子尚雄，生江孝之，矢島楫子（かじこ）など多彩な顔ぶれであった。

本郷と夫人は若くして世を去っことから，その事業は横浜婦人矯風会の角倉嵯峨子らによって横浜孤児院として継承された。

山室軍平も，濃尾大震災での救済活動を契機に人身売買反対運動，廃娼運動，労働者保護などに精力的な活動を展開し，イギリスでブースが創始した救世軍の日本代表として，キリスト教社会事業を形成していく開拓的な役割をはたすことになる。現在，救世軍は病院や老人ホームなどの施設を運営しており，ホームレスの救護や年末には社会鍋などの募金活動を展開している。東北地方でも瓜生岩（うりゅういわ）らによる救済活動があり，1893年には孤児，貧児などの救済施設

「福島鳳鳴会」が設立され，その後名称をかえて今日にいたっている。

非行・犯罪の児童に関しては，キリスト教プロテスタントの教誨師である留岡幸助が，1899年東京市郊外の巣鴨に家庭舎方式の私立感化院「家庭学校」を設立した。留岡幸助は北海道集治監（空知集知監）の教誨師としての体験とアメリカ留学での研究から，犯罪者となる要因はその少年時代にあり，そこに着目して感化教育事業を行わない限り，成人の犯罪は少なくならないとして，犯罪を犯した少年により環境と教育を与えることによって感化する感化院の設置を主張した。これらの活動が契機となって，1900年感化法が成立したのである。1907年の刑法改正により懲治場が廃止されるとともに，14歳未満の者には刑法が適用されないことになり，1908年感化法の一部改正が行われたことに伴って感化院の数が増加し，1911年には沖縄を除く全府県に設置された。留岡が開設した東京家庭学校はその後調布市に移転し，児童養護施設として現在にいたっている。また，1914年に北海道遠軽に開設された「北海道家庭学校」は，現在，児童自立支援施設として運営されている。

近代的救貧対象を出現させた契機は，1897年からの経済恐慌であり，さらに1901年の世界恐慌，1907年の恐慌とつながるなかで救済対象は変容していったが，注目されるのは1899年に横山源之助によって報告された『日本之下層社会』の実態であった。横山は職工，人足，小作人等を細民と呼び，無宿人，乞食，浮浪貧民等を貧民としてとらえ，これらを一括して日本の下層社会と名づけている。このルポルタージュ形式で克明に描かれた報告によって，当時の貧民の生活実態が理解できるのである。

また，明治期は海外からセツルメント活動が紹介された時期でもある。1891年岡山市でアダムズ（Adams, A. P.）によって貧困児童のための日曜学校を開始，その後，岡山博愛会として，施療所，施し風呂，幼稚園，保育所などの運営を行い，日本のセツルメントの先駆となった。また，1897年，片山潜は東京神田にセツルメント施設として「キングスレー館」を設立しているが，その後の地域活動の拠点となり，当時の労働組合期成会，社会主義運動を展開した。

また，1902年東北地方を襲った大凶作では，孤児・貧児救済のために佐々木三郎らによって青森県弘前市に東北育児院が設立されており，1905年の東北地方の大凶作では，福島県下で会津仏教会が，会津孤児院を，秋田県では秋田感恩講が児童保育院を設立し，1906年には宣教師フェルプスにより東北育児院（現在の仙台基督教育児院）が，岩手では小原源八により盛岡孤児院が創設されている。その他では，中国地方でも，1899年には地域福祉の源流になるような活動をする尾道慈善会，広島育児院，広島修養院が設立されている。また，山口県では，1904年に山口育児院が，1906年鳥取県に鳥取育児院，因伯孤児院が，島根県にも山陰慈育家庭学院，石見仏教興仁会など数多くの児童施設が開設され，東北大凶作による孤児などの児童を引き取った。

1908年「感化法」が改正されたのを契機に，各地に公立の感化院が設立され，感化救済事業が一般的呼称となっていった。感化救済事業は，大正中期には名称もしだいに消え，社会事業という呼称がやがて市民権を得るようになったのである。

② 大正時代の児童保護

大正期に入る前年の1911年，工場法が制定された。1894年の日清戦争，1904年の日露戦争を経てわが国の資本主義は著しい発展を遂げ，戦勝国の賠償金により「鉄は国家成り」,「富国強兵」策により，労働者に対する無制限の労働日数，深夜労働，低賃金，工場の不衛生等から疫病や労働災害が非常に多かったことが背景となっている。日露戦争以後の1909年以来，神戸新川のスラム街に住みつき，セツルメント活動を展開していた賀川豊彦は，製鉄会社のストライキに参加したことなど，労働運動の本格化により，労働児童保護対策として制定されたのだが，資本主義経営者の反対と財政難のため，法成立5年後に実施されるにいたった。この法律の内容は，12歳未満の児童の就業禁止，15歳未満の者の12時間労働の禁止，女子・年少者（15歳未満の者）の深夜業（午後10時から午前4時）の禁止等が規定されている。しかしながら，小規模の工場や家内工業には適用されない等例外規定が多く，根本的な解決にはいたらなかったのである。また，法律の遵守を義務づけられた工場では15歳未満の者等を解雇することも多くあり，その結果として年少児童の多くは，法の適用外の小規模工場などにおいて過酷な労働条件（16時間，低賃金）の下で働く生活状況へ追い込まれていった。

大正期に入ると1914年から18年の第一次世界大戦を経て，わが国の資本主義による利潤追求は一層激しくなり，その結果，多くの失業者，貧困者を出現させた。

1915年には児童相談を目的とする機関としては最初といわれる日本児童学会による児童教養相談所が設けられている。1916年には河上肇により大阪朝日新聞に「貧困物語」が掲載された。「驚くべきは現時の文明国における多数人の貧民である（以下略）。」巻頭の有名な一節は読者に深い共感を与えた。

第一次世界大戦後には米価は暴騰し，1918年８月３日，富山県中新川郡西水橋町で，漁民の主婦による騒動「米価値下げ」が全国に拡大する（米騒動）。

このような社会不安の時期にあって，1917年，岡山県では笠井信一知事の下で済世顧問制度が組織化され，1918年には，大阪府で林市蔵知事，小河滋次郎の尽力により，大阪府方面委員制度が設置され，その後米騒動を契機に全国に普及した。この制度が現在の民生委員の前身である。

1919年には，それまでのキリスト教徒による福祉活動とは異なり，新しい社会の息吹きのなかで結実した仏教有志団の長谷川良信によるマハヤナ学園が設立された。また同年には，大阪市児童相談所も開設された。1920年には，東京府児童保護委員制度が始められている。児童保護委員の目的は，不良児，浮浪児，不就学児，欠席児童，貧困児，知的障害児等に対して個別保護を行うとともに調査を行うことを職務とした。1921年には同じ東京府に児童研究所等の研究相談機関が設立されるにいたり，児童に関する相談・指導や医学的診断や心理検査などが専門相談機関で，専門職によって行われるようになった。貧困な生活から児童の非行，犯罪が増加するなど深刻化するなか，1922年に少年法及び矯正院法が成立している。少年法は現在の少年法の前身であり，18歳未満の者を対象とし，保護処分や少年審判所の手続きについて規定している。この当時の保護処分には，訓戒，制約，寺院・教会・保護団体等への委託，少年保護司の観察に付することと，感化院送致，矯正院送致，医療施設送致などがあった。矯正院は国立で設置されており，16歳未満の者と，それ以上の者で区別して扱うこととされていた（現在の少年院）。

1923年には関東大震災が発生，東京を中心に多大な被害が拡大し，政情不安の中，さらに1929年からはじまった世界大恐慌によって，東北地方などでは欠食児童が増加し，子女の身売りや貧困ゆえの児童の長時間労働が横行した。さらに親子心中や子殺し等の悲惨な状況も後を断たなかった。また同年には，盲学校及聾唖学校令が制定されている。

この時期における児童福祉施設の実践として特筆すべきものに肢体不自由児の保護がある。1916年には，高木憲次が肢体不自由児巡回相談を開始しているが，高木は「肢体不自由児」という用語を最初に使用したことで有名である。また，1921年には柏倉松蔵がクリュッペルハイム柏学園を設立している。

また，1903年全国慈善事業大会，1917年全国救済事業大会と用いてきた名称が，1920年，内務省官制改正により社会局が新設されたことにより，この年から全国社会事業大会という名称で開催された。これは社会事業という用語が公式に使用された最初であり，その後，慈善事業や救済事業の名称に代わって，社会事業という用語が一般に認められるようになった。

大正期の社会事業は人道主義や博愛主義に彩られながら，組織的かつ科学的な視点を導入するようになり，ソーシャル・ケースワークやグループワークの理論もアメリカから導入された。このような一時代を大正デモクラシー時代と呼んでいるが，多数の社会事業の指導者を輩出している。

③　昭和初期から第二次世界大戦後の児童保護

大正時代は15年間と比較的短い時代で終わりを遂げるが，末期から昭和初期にかけて金融恐慌による銀行の倒産，東北地方の大凶作などにより，国民の生活は非常に苦しいものとなっていった。その影響は，失業者の増大，女性の身売り，欠食児童の増加，親子心中，児童虐待など児童に関する深刻な問題を生み出したのである。

昭和に年号が変わる前の1925年，細井和喜蔵が『女工哀史』を著した。紡績工場に前賃金（前払い）で働きに出ていた若年女工の哀しい実態が述べられている。これは後に山本茂実が『あゝ野麦峠』で製糸工場で働く若い女工の姿を描いていることで一層哀れみを誘った。

政府は，1926年６月に新たに編成した社会事業調査会に，「社会事業の体系を如何に定めるべきか」を諮問した。これに対して1927年６月，同調査会は「一般救護に関する体系」を答申し，1874年依頼の恤救規則にかわる新しい救貧制度の確立を要することを指摘した。この社会事業調査会の答申に基づき，1929年に政府は社会事業家の熱心な要望と世論を背景に「救護法」案を提出し制定された。

この法律においては，恤救規則から続いていた「無告の窮民」つまり「全く身寄りがないこと」という条件は撤廃されたが，わが国古来の美風とされる家族・親族による隣保扶助の情誼は原則として残されたが，救護機関（市町村）に委員制度をとり入れ，救護施設に民間社会事業を認め，救護の種類を，① 生活扶助，② 医療扶助，③ 助産扶助，④ 生業扶助の４種に分け，救護の方法としては，居宅保護を原則とし，これと並立して収容保護と委託保護を認めたことである。しかし救済の対象は，① 65歳以上の高齢者，② 13歳以下の児童，③ 妊産婦，④ 傷病人・障害者に限定され，労働能力のある失業者，貧困であっても65歳未満の者，13歳以上の児童，乳児以外の幼児を養育する母親，医療費は払えなくても辛うじて生活はしている病人などが除かれるなど，厳しい制限がもうけられている。救護施設としては，養老院（現在の養護老人ホーム），孤児院（現在の乳児院・児童養護施設），病院等が該当する。救護法は，経済恐慌による財源難から実施は1932年まで先送りさせることになり，財源のために競馬法を改正しそれから得たものをあてることで実施にふみきることになった。救護法の実施により，1932年４月から９月にかけて，10万２千人余りが救護を受けている。

世界大恐慌のもとで，生活破壊が進展する過程において，親子心中とりわけ母子心中が多数発生し，その原因の多くが生活苦であることが判明してきた。また，この期に不況のもとで子殺しや児童虐待が目立ってきたことに対し，1933年児童虐待防止法が制定された。児童虐待防止法は，その対象を14歳未満の児童とし，以下のような業務及行為の種類が禁止とされている（一部現代文に）。

① 不具奇形を他人に観覧させる行為（見世物にする）
② 乞食
③ 軽業，曲馬その他危険な業務にして公衆の娯楽を目的とするもの
④ 戸別に訪問したり，道路に於て物品を販売する業務
⑤ 戸別に訪問して歌を謡ったり，遊芸その他の演技を行う業務
⑥ 芸妓，酌婦，女給その他酒を供する場所での業務

また，児童を保護すべき責任のある者が児童を虐待した場合，訓戒，在宅指導，親族委託，保護施設入所等による児童の保護を図ろうとするものである。

さらに，道府県（当時は都はなかった）の負担する費用の2分の1を国が負担するという規定も設けられており，この法律の制定の背景には，工場法等で対応できない児童労働における虐待を防止する意味もあった（現行の児童虐待の防止等に関する法律とは異なる）。

この法律は，1947年に成立した児童福祉法の第34条の禁止行為に吸収され，廃止されている。

また，同年には，それまでの感化法を廃止し，「少年教護法」が制定されている。この法律は少年の不良化防止を目的とし，少年教護院での教育的保護や少年鑑別機関などに関する規定がされている。その対象は不良行為をしたもしくはそのおそれのある14歳未満の児童であり，少年教護院に入院させるほか，少年教護委員の観察に付することや，少年教護院で小学校令に準拠した教育を行うことなどによる保護を図ることが規定された。福祉的な本法と，犯罪少年

を主な対象とする刑事的性格の強い旧少年法との二本立ての体制となった。少年教護法は，1947年制定された児童福祉法により廃止された。

1934年，山田わかを委員長に母性保護連盟を結成し，母子ホームに関する請願書を提出し，母子扶助法制定の要望も全国社会事業大会で出されている。こうした動きに対して，1937年に母子保護法が制定された。この法律は，13歳以下の子を擁する母親が，貧困あるいは生活不能で，子どもの養育も不可能である貧困母子世帯に対して扶助を行うことを目的とした。祖母と孫の場合もそれに準拠した。しかし，欠格条項として，夫が失業中の母，妊婦，母の性行，扶養義務者があるときなど救済の対象外であり，受給できないことでは，昭和恐慌による社会問題となっていた母子心中の増加を防止するために制定された法律であったが，恩恵を受けることは僅少であった。この法律には，現在の母子生活支援施設にあたる施設（母子ホーム）の設置も法に規定されていた。

1931年の満州（中国東北部）事変以降1937年の日中戦争に至る軍事下において，児童は次代を担う国家の宝であり，人的資源としての保護・育成を目的とした施策が行われた。1938年に厚生省が設置され，社会局には児童課が置かれた。

また，同年，社会事業法が制定されたが，この法律で規定された児童の保護に関する事業は，育児院，託児所，その他の児童保護を為す事業とされた。

1941年１月には，厚生省が中心となった「人口政策確立要綱」が閣議決定され，具体策としては，多子家庭の表彰，優良多子家庭子女育英費補給，妊産婦保護事業は，しだいにその対象を拡大していった。厚生省は，児童保護の対象として，① 戦没軍人遺族，出征軍人家族の児童保護，② 就労婦人並びに就労児童の保護，③ 一般母性並びに乳幼児の保護，④ 多子家庭の保護，⑤ 児童不良化防止並びに保護をあげている。また，同年には第15回児童愛護運動が大々的に展開された。こうした中，同年12月には，ついに太平洋戦争に突入したのである。

1943年になると，戦局はいっそう急をつげ，1944年２月には「戦時保育施設拡充に関する件」が示され，保育所は急速にふえている。その特徴と傾向は，利用階層の拡大（婦人労働者の増大による），乳児保育の拡大，幼稚園の戦時委託所化が指摘されている。しかし，戦争末期になり，空襲がはげしくなりはじめた頃から，各地の児童保護施設は閉鎖されるか，閉鎖されなかったものは疎開（都市部から地方へ）をはじめた。これは児童施設のみならず，小学生など学童疎開に拡大していった。特に，食糧品をはじめとする物資の配給制が進み，1943年5月以降，国民生活も耐乏生活になり，社会事業施設に生活していたものは，第1に，戦力に役立たない者への配給は，より低い水準のものとなり，第2に，施設においては不当な物資の購入は不可能なことから，養老院・育児院に生活しているものは，飢えと寒さのために病気になるものが増加し，死亡率も急速に高くなった。全て弱い児童や老人にしわ寄せされたのである。

1945年の人類最大の悲劇である広島・長崎に原爆が投下され，8月15日敗戦によって終戦を迎えた。

戦後の混乱期，最も悲惨な影響を受けたのは児童であった。戦災孤児，引揚孤児など戦争の犠牲となった要保護児童が巷にあふれた。『蛍の墓』の映像（アニメ）が当時の現実として理解できる。全国の浮浪児推定4000人との報告。

政府は，1945年9月，「戦災児等保護対策要綱」を策定し，大量の戦災孤児，浮浪児，引揚孤児の対策を実施したが，実効性はほとんど期待できないものであった。同年10月，全国各地で弁当を持って行けない学童が続出し，午後の授業が中止となる事態が生じた。11月には，戦災孤児救援バザーが各地で始まる。

1946年10月に児童保護法案要綱が出された。この法案では，児童の定義を「18歳未満のもの」とし，法の目的に児童の生活権の保障と保護者の生活の富裕化をあげている。

1947年1月の児童福祉法要綱案では，それまで使われていた「児童保護」という言葉が「児童福祉」へと変更された。戦後それまで児童保護法として審議がなされてきたが，厚生大臣の諮問機関である中央社会事業委員会が，要保護児童の保護だけを目的とした法律ではなくこれらの児童を含めた全児童の問題を盛り込んだ法律とすべきであるとの答申を出したため，名称を「児童福祉法」として，内容も大幅に変更することになった。その後，数回の修正案が出され，衆参両院で承認され1947年12月に「児童福祉法」として成立するに至った。

⑶ 児童福祉法の成立から2000年の法改正まで

① 児童福祉法の成立

敗戦後の日本は，GHQ（General Headquarters：連合国軍最高司令部）の指導と援助のもとで復興を進めてきた。日本の将来を担う児童に関する施策もGHQから求められ，特に巷にあふれる浮浪児への早急な対策は政府を慌てさせることになり，対策推進のために1947年３月に厚生省に児童局が設置された。この児童局のもとで児童福祉法案の提出が準備され，成立に至ったのである。

児童福祉法は，それまでの児童に関する法律のように要保護児童のみを対象としたものではなく，全ての児童を対象とし，その健全な育成，福祉の積極的な増進を目的とした画期的なものであり，児童の福祉を図るための総合的なもので，その後の児童福祉を進めるための基本的な立法となった。

児童福祉法の制定により，孤児や保護者が養育できない多くの児童の救済が行われ，また，母子家庭等の貧窮する児童の保護者の救済も可能となった。法制定に伴い，妊産婦手帳を母子手帳に改称し，児童福祉司と児童委員が規定された。

1948年１月，児童福祉委員会が設置されたが，1949年６月には，中央児童福祉審議会と改称している。

児童福祉法成立後の児童養護施設は270か所，収容児童２万1000名に達しているが，特筆すべきは，沢田美喜が占領軍兵士と日本女性との間に生まれた混血孤児の養育のために，私財を投じて開設したエリザベス・サンダース・ホームがある。この事業には，パール・バックらの支援も得て2000人余りの孤児を育てている。

また，6大都市の保育所で「ララ（LARA）物資」による給食が開始されたが，後に全国の学校給食の脱脂粉乳もララ物資による供与であった。

児童福祉法成立の1年後の12月，児童福祉施設最低基準が制定され，施設設備，職員等の基準が規定されたが，実状は保護を必要とする児童への対応に追われ，真の児童の福祉はなかなか実現されにくい状況であった。

児童福祉施設は，児童福祉法が制定された当時は9種類で，助産施設，乳児院，母子寮，保育所，児童厚生施設，養護施設，精神薄弱児施設，療育施設，教護院であったが，1949年の改正で療育施設から盲ろうあ児施設を分離，50年には，療育施設が虚弱児施設と肢体不自由児施設に分割し，療育施設という名称が消滅し，児童福祉施設は11種類と拡大した。

1951年5月5日のこどもの日に，児童憲章が制定されたが，その前文で，「児童は，人として尊ばれる」「児童は，社会の一員として重んぜられる」「児童は，よい環境のなかで育てられる」とうたっている。

1952年の児童福祉法第7次改正により，児童福祉司を児童相談所に配置することが決まる。また，精神薄弱児育成会（別称「手をつなぐ親の会」）が発足した。

1953年6月の厚生省調査によると，要養護児童9万2000人，要保護児童26万人と発表されており，民生委員調査では，混血児童は3490人と報告されており，混血児問題対策要綱による混血児の援護と偏見の除去の実施が行われた。

1954年，法改正により身体障害児に対する育成医療の給付が実施された。

1957年には，精神薄弱児施設から精神薄弱児通園施設を分立し，施設種類は12種類となった。

1958年，法第16次改正が行われ，未熟児出生の届出，養育医療の給付，妊産婦，乳幼児の保健指導の権限を知事から保健所を設置する市の市長に委譲することが実施された。

1960年から始まった高度経済成長の下，国民生活の水準は飛躍的に上昇したが，一方ではさまざまな場面で児童の生活基盤を変化させ，破壊した。高度経済成長を支えた工業化の進行は，農山漁村から大都市，工業地帯への急激な人口流入をもたらし，都市の過密，農山村の過疎の問題を引き起こした。また伝統的な地縁・血縁関係は年々希薄となり，長期間の出稼ぎなどを原因とした家出，病気，蒸発，離婚など，家庭崩壊が多発することになる。また家庭電化製品の購入などを目的とした所得増額を得るため，就労女性の増加や核家族化の進展にともなう保育ニーズの増大など，児童・家庭の福祉ニーズが多様化してきた。1963年に出された「児童福祉白書」では，児童が危機的状況のなかに置かれていることを指摘している。同じく1963年，中央児童福祉審議会から「家庭対策に関する中間報告」が出されたが，児童の福祉を図るためには，児童と家庭とを一体として把握する方向が打ち出され，この流れのなかで行政の改革も行われて，厚生省児童局が児童家庭局に改称された。

また，この時期には，父と生計を同じくしていない18歳未満の児童（児童に一定の障害がある場合20歳未満）を養育する母または養育者に手当を支給することを定めた児童扶養手当法が1961年に制定された。

1963年，東京都で全国に先がけて学童保育が始まった（都内23か所）。1964年社会福祉六法の母子福祉法（現母子及び寡婦福祉法）が制定され，同年，「精神又は身体に障害を有する児童について特別児童扶養手当を支給し，精神又は身体に重度の障害を有する児童に障害児福祉手当を支給するとともに，精神又は身体に著しく重度の障害を有するものに特別障害者手当を支給することにより，これらの者の福祉の増進を図ること」を目的として，特別児童扶養手当等の支給に関する法律が制定された。1965年には妊産婦・乳幼児の死亡率を減少させるために健康診査等が保障される母子健康法が制定された。

1967年，児童福祉法の一部改正により，重症心身障害児施設が新設された。重症心身障害児施設の最初は，1959年に草野熊吉が東京東村山市に秋津療育園を開設し，1961年には，小林提樹が東京多摩市に島田療育園を，1963年糸賀一雄がびわこ学園を開設したことが法改正に結びつき，施設が新設されるに至った。糸賀一雄は，戦後の混乱期の1946年に知的障害児施設「近江学園」を創設し，知的障害児問題の開拓者であり，後に知的障害児の父と呼ばれたが，糸賀の思想は「社会福祉というのは，社会の福祉の総量をいうのではなくて，そのなかでの個人の福祉が保障される姿を指すのである」とし，障害児に対しても「この子らを世の光に」という言葉を残している。

1970年，心身障害者対策基本法（現，障害者基本法）が制定，1973年には，肢体不自由児施設の一類型として肢体不自由児療護施設が，1974年，障害児保育の実施など心身障害児対策が推進されるようになり，翌年には，精神薄弱児通園施設の一類型として難聴幼児通園施設が，児童福祉施設最低基準に位置づけられている。

そのほかに法律としては，1971年に児童手当法が制定され，いわゆる児童福祉六法（児童福祉法，母子福祉法，母子保健法，児童扶養手当法，児童手当法，特別児童扶養手当等の支給に関する法律）が整備されることによる児童福祉制度が一層拡充されるに至った。

1972年10月，中央児童福祉審議会が児童と精神薄弱者の福祉に関する総合的，基本的方策について厚生大臣より諮問を受け，特別部会を設置した。施設運営管理特別部会では，第１分科会・児童福祉の担当職員の身分制度，長期的養成確保，現任訓練，第２分科会・施設体系のあり方（児童福祉施設の種類の再検討等）・最低基準についての再検討，第３分科会・児童相談所の設置基準・機能・職員の専門性確認が検討された。保育対策特別部会では，１．家庭保育と施設保育の意義，関連，２．保育需要の多様化と保育問題，３．保育内容の改善が検討されている。

1973年，厚生省が養護施設入所児等の高校進学を認める。養護施設入所児にとっては朗報であり，15歳の春（中学校卒業時で就職し，施設を退所する）の進路が広がった。

1975年国連提唱の国際婦人年があり，次いで1979年国際児童年が，1981年には国際障害者年というように福祉に関する国際的な運動が展開された。これらの運動は，すべての人の人権が尊重されなければならないことを世界的な規模で考える機会となったのである。特に国際障害者年は，障害者の人たちの「社会参加と平等」を促すノーマライゼーションの理念を浸透させ，住み慣れた地域や家庭で個人の福祉的ニーズを充足する方向，地域福祉サービスや在宅福祉サービスの充実化をもたらす大きな要因となった。ノーマライゼーションの啓蒙に用いられたのが車いすマークであり，このマークの付設された場所が増えることが，福祉に対する関心度を示すことになる。

1980年には，児童福祉施設最低基準を改正し，精神薄弱児施設の一類型として自閉症児施設を新設した。

この時期の特徴の一つは，就業形態の多様化に伴い女性の夜間就労も増えてきた。その結果，無認可のベビーホテルでの事故が多発化し，社会問題化したことから厚生省が調査を実施した。調査結果に基づき保育需要にこたえる施策として，保育サービスの拡充を行い，延長保育，夜間保育などの新たな事業の整備，乳児院の活用，０歳児保育の所得制限の順次緩和などが行われている。

1982年には，母子福祉法が改正され，母子及び寡婦福祉法と改称され施行された。また，厚生省は，心身障害児の養育家庭に対して家庭奉仕員の派遣事業を認めた。さらにベトナム難民の少年を児童福祉法に定める里子として全国で始めて認定した。

1987年，法務省人権援護局の発表によれば，前年中人権擁護機関が扱った「いじめ」は2,393件あり，85年度に対して37.2％増，被害者では女児が男児を上回り，いじめの内容も陰湿化が進んでいる実態が明らかになり，問題視された。また，同年には「社会福祉士及び介護福祉士法」が成立し，福祉の分野により専門性が求められる国家資格が作られた。

1990年には，社会福祉改革の一つとして「老人福祉法等の一部を改正する法律」いわゆる福祉関係８法の改正の一環として行われたもので，身体および知的障害児を対象とした児童居宅生活支援事業（児童居宅介護等事業，児童デイサービス事業および児童短期入所事業）が新たに本文に規定された。それまでの入所施設サービス中心から，在宅福祉・地域福祉サービスへの転換をはかる契機となった。

1994年，わが国は国連の「児童の権利に関する条約」(1989年採択）の締約国となった。全54条からなるこの条約は，児童を人格の主体として，その尊厳を守ることを最大の眼目とする国際間の条約である。第3条では児童の最善の利益を考慮することを明確にうたい，第7条「名前・国籍を得る権利，親を知り養育される権利」，第9条「親からの分離禁止」，第10条「家族再会の権利」，第22条「難民の児童に対する保護」，第30条「少数者・先住民族の児童の権利の確保」，第38条「武力紛争における児童の保護」がうたわれ，この権利条約は，地球的規模で児童の問題を考えることの必要性を示しており，わが国においても国際的視野に立った児童福祉サービスの展開が必要不可欠のものとなってきているのである。

また，同年には，民生委員・児童委員制度のなかに，子どもの問題を中心に取り扱う委員として，主任児童委員が置かれることになった。主任児童委員は，当初は通知に基づく制度で，都道府県知事が委嘱する制度であったが，2001年の児童福祉法改正により，児童福祉法に明記されるとともに，厚生労働大臣から直接委嘱される制度となった。

1989年の合計特殊出産率1.57ショック以来，国は関係省庁をあげて子育て支援対策を打ち出してきた。

1994年12月に発表された「今後の子育て支援のための施策の基本的方向について」(エンゼルプラン）はそれらの集約されたものであった。具体的な施策として，子育てと仕事の両立を支援するために多様な保育サービスを充実させることや，家庭における子育て支援のための地域子育て支援センターの大幅拡充等があげられている。さらに1999年12月,「重点的に推進すべき少子化対策の具体的実施計画について」(新エンゼルプラン）が策定された。保育サービス等子育て支援サービスの充実，母子保健医療体制の整備等について，2000年度から2004年度まで計画的に推進することなどを含むものである。

近年の少子化の進行，夫婦共働き家庭の一般化などといった児童家庭をめぐる環境の変化，あるいは家庭や地域の子育て機能の低下に伴う児童虐待や不登校児童の増加など，児童家庭の問題が複雑・多様化していることなどを背景として，1997年に児童福祉法等の一部改正が行われ，翌1998年４月より施行されている。主な改正の内容は，① 保育所の措置制度を廃止し，選択利用システムを導入し，保護者が希望する保育所へ入所できるようにした。② 養護施設と虚弱児施設を統合して児童養護施設とする。③ 教護院を児童自立支援施設，母子寮を母子生活支援施設と名称を変更，④ 施設への入所などに関し児童福祉審議会の意見を聴取する制度の導入をはかる。⑤ 第２種社会福祉事業として児童家庭支援センターおよび児童自立生活援助事業の創設。⑥ 児童養護施設，児童自立支援施設，母子生活支援施設の目的に「自立」を付加することでの支援を図ることをより明確にした。

この改正によって，わが国の社会福祉制度の基礎を形成してきた措置制度の廃止を，最も住民浸透度の高い保育所制度において実施することになった。

また，児童福祉法の改正を受け，少子化の進行や保育需要の拡大，家庭や地域の養育機能の低下などに対応するため，保育所保育指針が1999年改訂され，2000年４月より施行されている。

② 2000年以降の児童福祉法改正

2000年６月，社会福祉事業法（1951年制定）が改正され「社会福祉法」となった。この法改正は，利用者の立場に立った社会福祉制度の実現を目指し，具体的には，福祉サービスの利用制度化，これまでの行政が行政処分によりサービス内容を決定する措置制度から，利用者が事業者と対等な関係に基づきサービスを選択する利用制度へと転換したこと，福祉サービスの利用にかかわる苦情解決の制度，サービス評価（自己評価や第三者評価機関による評価）の制度導入，利用者の権利擁護の視点が強く盛り込まれた。

2000年児童福祉法の改正が行われ，① 母子生活支援施設と助産施設が措置制度から利用選択制度へと変更された。② 虐待などの通告について児童委員を介して，児童相談所または福祉事務所に通告できることになった。③ 児童相談所所長および児童福祉司の任用資格に，社会福祉士が加えられた。④一次保護期間が開始から2か月とされ，目的を達成できなかた場合は延長も可能。⑤中央児童福祉審議会が廃止され，社会保障審議会に併合された。なお，乳児院，児童養護施設，情緒障害児短期治療施設，児童自立支援施設は利用選択方式がなじみにくいとして措置制度に残されている。

また，2000年，「児童虐待の防止等に関する法律」が制定され，児童に対する虐待の禁止が強く求められる。

2001年の改正では，認可外保育施設に対する監督の強化等を図るとともに，保育士資格を法定化し国家資格とした。さらに児童委員の職務の明確化と主任児童委員の法定化がなされた。

また，同年には，仕事と子育ての両立の負担を軽減・除去するために，育児休業中の育児休業給付率を25%から40%へと引き上げることを決定し，さらに政府の男女共同参画会議では，男性に対して子育てに協力する為に，年間12日間の育児休業（休暇）を義務づける等の両立支援策が提言されている。

2002年1月，「日本の将来推計人口」が発表され，夫婦の出生力の低下が大きく問題視された結果，子育て支援の根本を見直す方向の提案がなされた。4月には，「育児休業，介護休業等育児又は家族介護を行う労働者の福祉に関する法律の一部を改正する法律」の施行により，子どもの看護休暇制度の導入をはかる施策が行われた。5月には，内閣総理大臣から厚生労働大臣に対して，「少子化の流れを変えるための実効性ある対策」を検討するよう指示が出され，9月，これまでの少子化対策を再点検し，省庁間及び厚生労働省の枠を超えた幅広い分野について検討がなされ，少子化の流れを変えるために保育施策を中心に行っていた従来の取り組みに加え，もう一段進めた対策として，「少子化対策プラスワン—少子化対策の一層の充実に関する提案—」が総理大臣に報告された。この少子化対策プラスワンでは，①「男性を含めた働き方の見直し」として，職場の意識改革をはかり，父親の育児休暇取得を促進させること，②「地域における子育て支援として，子育て支援サービスの推進とネットワークサービスづくりの導入，家庭教育への支援充実，子育てを支援する生活環境の整備をあげている。③「社会保障における次世代支援」としては，社会保障制度改革にあたっては，制度を支える将来世代の負担が過重とならないよう，世代間の負担のバランスを考慮することとされた。④「子どもの社会性の向上や自立の促進」として，子どもの豊かな人間性や他人に対する深い思いやりなどの生きる力を育むとともに，社会全体で子育ての意義を理解することが求められた。この少子化対策プラスワンを踏まえて，2003年３月，少子化対策推進関係閣僚会議より政府としての取組方針である「次世代育成支援に関する当面の取組方針」が策定された。この取組方針を踏まえて2003年７月16日に「次世代育成支援対策推進法」が制定された。この法律は，今後の育成支援対策の基盤となるもので，一部を除き，2005年４月から施行されることとされたが，本法は2015年３月31日までの時限立法となっている。この法律では，第１章の総則で次世代育成支援対策の基本理念を定め（第３条），国，地方公共団体，事業主及び国民の責務を明らかにし（第４～６条），第２章では，第一節で主務大臣による行動計画策定指針を定めることを求め（第７条），第二節で，この指針に即して策定される地方公共団体（市町村行動計画，第８条と都道府県行動計画，第９条）及び事業主の行動計画（第三節第12条）などについて必要な事項が定められている。特に，常時雇用者が300人を超える企業については，一般事業主行動計画の策定が義務づけられた。

また，次世代育成支援対策推進法と同時に成立した児童福祉法の一部を改正する法律は，すべての子育て家庭を視野に入れた地域における子育て支援の取組み強化を図るもので，子育て支援事業が法定化された。その支援事業では，50人以上の待機児童がいる市町村には，市町村保育計画作成等に関する規定を整備するなど策定が義務づけられた。

子育て支援事業の種類は，①児童及びその保護者等の居宅において保護者の児童の養育を支援する事業として「地域子育て支援センター事業」，つどいの広場事業が該当する。②保育所等において保護者の児童の養育を支援する事業として，放課後児童健全育成事業，子育て短期支援事業がある。③ 地域の児童の養育に関する各般の問題につき，保護者からの相談に応じ，必要な情報の提供及び助言を行う事業として，出産後などの保育士等派遣事業があげられる。この法律の施行は一部を除き，2005年4月1日からである。

2004年には，児童手当法が改正され，支給対象児童が小学校3学年修了までとなった。2007年には再改正が行われ，支給対象児童が小学校修了前までに拡大された。

また，子どもの虐待については，さまざまな取り組みが行われていたが，子どもの生命に関わる重大な事件も後を絶たず，厚生労働省によると，2003年に全国の児童相談所が対応した虐待相談件数が2万6569件で過去最高に達したと発表し，虐待への適切な対応は社会全体の大きな課題となり，「児童虐待の防止等に関する法律」の改正を受けて，児童福祉法も一部改正が行われた。この改正では児童相談所の役割を市町村と分担するという方向性が示され，児童虐待への対応の窓口を広げた。また，児童福祉施設，里親等のあり方の見直しがはかられ，年齢のみで限定されていた就学前の子どもについては，乳児院や児童養護施設に入所できるようになった。さらに里親の定義も規定され，監護，教育および懲戒に関する里親の権限も明確化された。

次世代育成支援対策推進法（2003）の公布と同月に，「少子化社会対策基本法」が公布された。この法律では，各種少子化対策，子育て支援施策が打ち出されるなか，少子化社会において講ぜられる施策の基本理念を明らかにしている。そして具体的な施策推進の基本方針として，国及び地方公共団体は「雇用環境の整備」「保育サービス等の充実」「地域社会における子育て支援体制の整備」「母子保健医療体制の充実等」「ゆとりある教育の推進等」「生活環境の整備」「経済的負担の軽減」「教育及び啓発」があげられている。

また，政府は，少子化に対処するための施策の指針として，総合的かつ長期的な少子化に対処するための施策の大綱を定めなければならないと規定されたことを受け，2004年6月4日に「少子化社会対策大綱」が閣議決定された。

これは国の長期的な少子化対策の基本となるもので，今後５年で少子化の流れを変えるため，「４つの重点課題」と，それを実現するために着手すべき「28の行動」が定められている。

大綱の施策については，2004年12月24日策定された「子ども・子育て応援プラン」に数値目標が盛り込まれており，より効果的な推進が図られている。

2005年，厚生労働省の人口動態統計で合計特殊出生率が過去最低の1.28となり，４年連続最低値を更新したことが発表される。少子化に対処する施策の実効性がみられずより一層の対策が急務となってきた。

また，厚生労働省統計情報部の調査では，認可外保育施設に預けられている子どもは全国で約19万8,000人と推計され，保育所に入所できない待機児童も２万人ほどいることが明らかになった。

さらに，子どもの虐待を防ぐため，虐待を繰り返す親に対する心理療法の取り組みを2006年度から開始することを決定する。これは児童福祉施設で家族療法を施すという内容をもったものである。

2006年には，「障害者自立支援法」が施行される。また，幼稚園に保育所の機能を加えた「認定こども園法」が施行された。

一連の法整備により，少子化の流れを変えることができるかが今後の課題であるが，日本中が貧富の格差，地域格差など格差社会が拡大する中，継続した対策が必要であり，小規模な法の改正ではなく，将来を見据えた抜本的な対策が望まれるのである。

参考文献

一番ケ瀬康子『アメリカ社会福祉発達史』光生館，1971年
高島進『社会福祉の歴史』ミネルヴァ書房，1997年
小山路男『西洋社会事業史論』光生館，1982年
高橋重宏・江幡玲子編著『児童福祉を考える』川島書店，1983年
高橋重宏・才村純編著『子ども家庭福祉論』建帛社，2000年
百瀬孝『日本福祉制度史』ミネルヴァ書房，1998年

菊池正治ほか編『日本社会福祉の歴史』ミネルヴァ書房，2004年
仲村優一ほか編『講座社会福祉２　社会福祉の歴史』有斐閣，1997年
仲村優一・一番ケ瀬康子編著『世界の社会福祉　イギリス』『世界の社会福祉　アメリカ』『世界の社会福祉　日本』旬報社，1999年
菊池正治ほか編著『児童福祉論』ミネルヴァ書房，2007年

◆読者のための参考図書◆

川池智子編著『児童家庭福祉論』学文社，2006年

子どもたちの問題を児童家庭福祉の視点からとらえ，各章の最初に事例があることで，具体的に児童家庭福祉の現状を理解することができる。

新版・社会福祉学習双書編集委員会編『児童福祉論』全国社会福祉協議会，2007年

社会福祉士養成の教科書として使用されているので内容も豊富であり，詳細に記述されている。深く児童福祉を学ぶには適した著書である。

金子光一『社会福祉のあゆみ』有斐閣アルマ，2007年

イギリスの福祉の歴史に関して，詳細に検証しながら記述されている。労作でありわかりやすい。イギリスの福祉に関心ある人にとっては必見である。

高橋重宏監修『日本の子ども家庭福祉』明石書店，2007年

児童福祉法制定60周年を記念して各分野の専門家により論述されており，貴重な論文集である。特に資料編の60年表は大変役立つものである。

福祉士養成講座編集委員会『児童福祉論』中央法規，2007年

社会福祉士養成の教科書として使用されているので内容も豊富である。専門に児童福祉を学ぶことを願う人にとっては必見である。

考えてみよう

①　映画『オリバー・ツイスト』（2006年）を見て，当時のイギリスの救貧院のあり方を話し合ってみよう。
②　糸賀一雄『福祉の思想』（日本出版放送協会，1967年）を読み，「この子らを世の光に」と訴えた意味を考えてみよう。
③　少子化を防ぐ施策について，自分なりに有効的・効果的と思われるものを話し合ってみよう。

第3章　児童・家庭サービスの実際

この章では，現代日本社会における家族や地域社会の変化を理解しながら，今日の子どもと家族がどのような社会的支援を必要としているのか，実際にどのような社会的支援があるのかを学んでいく。さらに，これらの社会的支援の抱える課題もあわせて考えていく。

キーワード　子育て支援，保育，非行，児童虐待，ひとり親家庭，DV，発達保障，障害者自立支援法，発達障害療育

1．今日の日本社会における子どもと家族（家庭）

第二次世界大戦後の日本が敗戦から立ち直り，高度経済成長期と呼ばれる時期以降，家族と子どもを取り巻く状況は，大きく変化した。1950年代後半から1970年代前半までの約20年間，日本は工業化（産業化），都市化，核家族化，近隣の解体の進行といった現象に直面した。これらの現象は，今日も続き，子育て・子育ちに大きな影響を与えている。

すなわち，1950年代以降，日本の産業構造が，農業中心社会から工業中心社会へと変わり（工業化＝産業化），それにともなって，若者が労働力として村落から都市へ移動した。都市に移動した若者は，そこで就職し，結婚して子どもを育てることになった。

都市での生活は，食品をはじめとしてモノを買う，アパート・マンションで暮らす，教育・医療サービスなど対価を払って専門サービスに依存するという形をとり，すべてに金銭を必要とする。このような都市的生活様式は，一定の賃金で生活する人々に対して，必然的に家族メンバーの数を制限することになり，夫婦のみか，夫婦と未婚の子どもから成る家族を生みだすことになった。このような形態の家族は，「核家族」とよばれる。さらに，先にあげた都市的

生活様式のもとでは，核家族における子どもの数も，1人か2人に制限せざるを得ない。すなわち，少子・核家族の出現である。

また，分業が発達した都市での生活は，共同作業を必要とする村落とは異なり，仲間うちの助け合いより，個人の自由・他者への不干渉が強調される。転勤やそれぞれの職場によって異なる就労時間帯も，近隣における人と人の結びつきを困難にしている。その結果，近隣関係の希薄化が進行していく。

このようにして生じた核家族化，少子化，近隣関係の希薄化の進行は，子育てをする親と子どもに大きな負担を強いることになった。

なぜなら，子育ては母性本能でなされるものではなく，母親や近隣の人々が子育てしているさまを見ながら，あるいは，手伝いながら学び取っていくものだからである。子育て能力は，人間が後天的に，学習して身につけていく能力であるため，初めて子どもを生み・育てる人々にとっては，子育てを支えてくれる親や近隣の人々の存在が必要となる。しかし，現代日本社会の状況下では，親や近隣の人々に支援を求めるのは難しくなっている。

近くに親族がおらず，近所づきあいもない核家族に子どもが生まれる。共働き家族の場合，誰に子どもを預けたらよいのか，夫婦は途方にくれることになる。他方，専業主婦の場合，夫が出勤した後，母親は，生まれたばかりの子どもと二人きりで，部屋に取り残される。泣きやまない子どもに疲れ果てて，発作的に子どもの口をふさぐ。あるいは，子どもの言葉の発達が遅れているのではないかと悩んだ母親が，どこに相談したらよいのか判らず，マンション屋上から子どもとともに飛び降り自殺を図る。孤立した子育てから生じる悲劇は，数知れない。また，核家族の場合，離婚や病気・けが・障害を生じた時，子育てや介護，家事や仕事などの役割を誰が果たしていくか，深刻な問題となる。

さらには，子ども自身も，核家族のなかで，限られた人間関係の中で育つことになる。しかも，自然豊かな遊び場を，都市部でみつけることはむずかしいため，一人，室内で電子ゲームで遊ばざるを得ない環境におかれている。そこに，進学競争・塾通いが追い討ちをかけている。このような育ちの結果，学校・企業に進学・就職しても，学内・職場でコミュニケーションをうまく成り立たせることができず，引きこもり，あるいは，家庭内暴力にはしることは，容易に想像される。このようにみてくると，安心して子どもを育てる・健やかに子どもが育つためには，家族・近隣以外の社会的な支えが必要なことがわかる。そこで，この章では，おもな子育て支援として，地域子育て支援や保育，児童虐待やDV被害者の母子家族への支援，ひとり親家族への支援などについて学ぶ。

2．市町村における子育て支援

先にみてきたような家族・地域の子育て力の低下やそれに伴う少子化の急速な進行に対応すべく，2003年，次世代育成支援対策推進法が制定された。そして，この法律の制定と同時に，児童福祉法の一部改正が行われた。さらに2008年にもこれら2つの法律は改正の予定である。

児童福祉法改正の目的は，共働き家族やひとり親家族のみならず，すべての子育て中の家族を対象とし，市町村を中心とした社会で支えることによって，安定した子育て・子どもの健やかな育ちを実現しようとするものである。

児童福祉法第21条の8～17には，放課後児童健全育成事業，子育て短期支援事業と並んで子育て支援事業が掲げられ，市町村が，その着実な実施に努めるよう定められている。以下，おもな事業内容をまとめてみよう。

1）放課後児童健全育成事業

児童福祉法第6条の2に定められている事業である。保護者が就労などのため昼間家庭にいない小学校低学年（おおむね10歳未満）の子どもを対象に，児童館，保育所や学校の空き教室，賃貸アパートの一室などを利用して遊びやおやつの提供・学習支援などを行い，健やかな育ちを実現していく。

2）子育て短期支援事業

児童福祉法第6条の2に定められている事業である。この事業は，保護者のけが・病気，出張，夜勤などで子育てが一時的に困難になった時，市町村が委託した先の児童養護施設や乳児院，里親などが，子どもを一時的に預かり養育する。夜間養護等事業と短期入所生活援助事業に分けられる。

① 夜間養護等事業はひとり親等の夜勤や休日出勤時，夕食や入浴の提供，学習支援などを行い子どもと家族の生活を支える。宿泊も可能。

② 短期入所生活援助事業は保護者の疲労，出産や病気，出張などのため短期宿泊させて（原則７日以内）子どもと家族の生活を支える。

３）子育て支援事業

子育て支援事業について，国は，2008年の次世代育成支援対策推進法と児童福祉法の改正によって，以下の①から④までの事業を法的に位置づけるとしている。すなわち，国は事業内容に関する基準を示すとともに，事業実施の際，事業者は都道府県知事に届出，指導監督を受けると定めることによって，質の確保を図りながら，市町村を中心とした子育て支援をより積極的に展開しようとしている。ところで，これらの事業は，市町村が認可保育所や児童養護施設その他の社会福祉法人団体，NPO 法人団体，民間事業者に委託することも可能である。

① 乳児家庭全戸訪問事業（いわゆる「こんにちは赤ちゃん事業」）

原則，乳児と保護者のいるすべての家族を看護師や保健師等が訪問し，子育て情報の提供，子どもと保護者の状況把握，相談・助言を行い，必要に応じて養育支援家庭訪問事業につないでいく。

② 養育支援家庭訪問事業（いわゆる「育児支援家庭訪問事業」）

上記の事業や乳児検診などで把握された支援を必要とする子どもと保護者や，虐待を受け入所していた乳児院や児童養護施設などを退所した直後の子どもと保護者，孤立している10代の妊婦など子育てに備えて特に支援が必要とされる妊婦を訪問して，安定した適切な子育てができるよう，保健師や保育士，ヘルパーなどが相談・助言・家事や育児援助などを行う。

③ 地域子育て支援拠点事業

保育所や認定子ども園，児童館などにおいて，乳幼児を育てる保護者同士が，出会い・交流できる場を設け，子育て情報の提供・相談助言，その他の援助を行う。

④　一時預かり事業

保護者の急病や育児疲れなどで緊急・一時的に家族による養育困難状況に置かれた乳幼児を，おもに昼間，保育所その他の場所において預かり保護する。

また，保育に欠ける3歳未満の乳幼児を保育者の自宅で預かり保育する「保育ママ」についても，国は，2008年児童福祉法改正の一部として「家庭的保育事業」の名称で法制度化するとしている。具体的には，児童福祉法第24条の市町村における保育の実施責任に関する規定の中に，「家庭的保育事業」を保育所の保育を補う事業として位置づけ，事業実施の際には市町村から都道府県知事への届出・都道府県による指導監督に服するとしている。家庭的保育者の要件についても基準を定め，保育士の資格をもち，市町村の行う研修を終了した者，その他の省令で定める者で市町村長が適当と認める者としている。

そのほか，未だ法制度化されてはいないが，次世代育成支援対策事業として，市町村が中心となって実施されるおもな子育て支援事業として，乳幼児健康支援一時預かり事業，ファミリー・サポート・センター事業などがあげられる。

乳幼児健康支援一時預かり事業（病児・病後児保育事業）とは，風邪などの病気の初期，はしかなどの病気の回復期にあるが未だ集団から保護隔離しておく必要がある子どもを，一時的に預かり保護する事業である。この事業の対象となる子どもとは，乳幼児のみならず小学校低学年の児童までを含み，保育園児や放課後児童健全育成事業（学童保育）利用児以外の，家族よるケア困難状態にある子どもも含む。また，保護される場所は，保育所や医療機関の専用スペース，児童の居宅（保育士等派遣）とされている。

ファミリー・サポート・センター事業とは，保育所の送迎や保護者の急病，子どもの急病など，一時的・臨時的な保育を必要とする者と支える者が会員となって組織（ファミリー・サポート・センター）をつくり，相互援助を図る事業である。各市町村に１ヶ所設けられ、会員相互の調整や助言を行うコーディネーターが配置されている。

４）子育て支援事業における今後の課題

これらの市町村を中心として行われる子育て支援事業は，保護者が幼い子どもを連れて気軽に立ち寄り，語り合い，相談できる，時には子どもを預けて子育て疲労の回復をはかる場を提供することで，育児負担の軽減・児童虐待防止・健やかな次世代育成につなげようとする試みである。

そこで，市町村は，これらのさまざまな子育て支援事業についての情報を保護者に伝え，保護者がこれらを適切に組み合わせながら利用できるよう助言すること，そのための子育て支援事業者間の連携を図ったり，子育て支援事業者への要請を行う事が，法律上定められている。

しかし，子育て支援事業は，先にも述べたように市町村が，社会福祉法人，民間事業者，NPO 法人に委託することができるとされている。

地域子育て支援事業が効果をあげるか否かは，各市町村が，子育てや子育て支援のあり方について，委託先の事業者らとの話し合いを深めながら積極的に事業に取り組むのか，事業者にすべて委ねてしまうのか（丸投げしてしまうのか）に，かかっているのではないだろうか。

３．保育サービス（認可保育所と認定子ども園を中心に）

(1) 認可保育所

児童福祉法第39条において，保育所とは，「『保育に欠ける』乳児及び幼児を，保護者から委託されて，日々保育する」児童福祉施設であると定められている。

「保育に欠ける」とは，「保護者が就労しているため」他に子育てしてくれるものがいない，「保護者がけが・病気・障害のため」子育てが十分にできない，「家族内に介護を必要とする者がいるため」介護に追われて子育てが十分にできない，「地震などの被災直後で復旧におわれているため」子育てが十分にできないなど，政令で定められたこれらの事由に当てはまると，居住地の市町村において認められた場合に利用できる。これらの事由のうち最も多いのが,「保護者の就労」である。

乳幼児をもつ共働き核家族，あるいは，就労しているひとり親家族で近くに子育を応援してくれる親族がいない時，保護者は，利用を希望する保育所を選択し，市町村に保育所利用の申し込みを行う。これを受けて市町村は,「保育に欠ける」か否かの判定を行う。保育に欠けると判定されて利用する保育所が決定した時，保護者と市町村の間に利用契約が結ばれる。保育料は，各市町村が保護者の所得や子どもの年齢に応じて決定する。

以上の手続きを経て0歳児から小学校就学開始前までの子どもを預かる保育所は,「保育所保育指針」に沿って，食事・睡眠・遊びなど，子どもの基本的な生活を保障するとともに，集団生活を通じて，個性や多様な人間関係の形成を促していく。保育時間は，原則8時間（標準11時間）と定められているが,地域の事情を考慮して保育所長が延長することができる。11時間を越えて，午後6時以降も保育（延長保育）を行う保育所は多い。そのほか，保護者のニーズに応えて，おおむね0歳から2歳児を対象とする低年齢児保育，おおむね午前11時から午後10時まで開所する夜間保育，休日保育，病後児保育，障害児保育を実施する保育所もあるが，未だ数は少ない。

また，保育所（の保育士）は，保護者に対して，育児などに関する相談援助業務も担っている。つまり，保育所（の保育士）は，ただ，子どもを遊ばせ,食べさせ，昼寝をさせるなど子どもへのケアのみではなく，園児の家族が抱える問題にも関心を寄せ，家族とともに考えていくソーシャルワークの実践が求められている。

さらには，保育所は，地域子育て支援拠点としての役割も担っている。

すなわち，保育所は，センター型地域子育て支援拠点事業として，①地域の子育て中の家族からの育児相談に応じる，②子育て情報の提供，③乳幼児を育てる親が子どもとともに気軽に集い交流を深めることが出来る常設の場の提供や子育てサークルづくりの支援，④子育てや子育て支援に関する講習会の開催などを行う。さらには，保育士が公園や公民館に出向いて，保護者たちに子どもとのかかわり方やサークルづくりなどを指導する。時には，乳幼児を育てるうえで深刻な問題をかかえる家族を訪問して相談援助を行う。

今日，保育所に課せられた役割は大きく，その役割を実際に果たしていく保育士の力量が問われている。保育士は，児童福祉法第18条の4に定義されているように，専門的知識・技術を持って，保育および保護者の育児相談に応じる専門職業従事者である。さらに，同法第48条の3では，保育所の地域住民に対する子育て情報の提供・相談援助の実施と並んで，保育士が自らのスキルアップに努めるよう定められている。

以上の説明は，児童福祉施設最低基準における設備・職員の資格・配置基準などを満たし，都道府県知事から認可を受けた保育施設すなわち「認可保育所」の内容である。

しかし，児童福祉施設最低基準を充たすことができず，認可外保育施設すなわち「無認可保育所」とよばれる保育施設もある。ベビーホテル，企業内保育所，駅ビルや駅近くの建物内に設置される駅型保育所，保護者の手作り保育所などのほか，東京都認証保育所のように，各自治体が独自の基準で認めた保育施設も含まれる。これらの施設に対しては，開設時の都道府県知事への届出，運営報告の義務が課せられている。

このほか，民間企業によるベビーシッター業などの無認可保育サービスもある。

これらの無認可保育サービスは，保護者の保育ニーズに対して認可保育所が応えきれない状況のなかに生れたものである。

(2) 認定子ども園

ところで，2006年10月から子育て支援における新たな実践が始まった。「就学前の子どもに関する教育，保育の総合的な提供の推進に関する法律」に基づく「認定子ども園」の実施である。

認定子ども園は，保育に欠けるか否かを問わず，就学前の子ども（乳幼児）に，① 幼稚園で行われている幼児教育と保育所における保育を一体的に提供し，さらには，② 地域住民への子育て支援をも行うことによって，地域のすべての子どもの健全育成を図る総合的な子育て支援施設である。

この施設は，保育所を管轄してきた厚生労働省と幼稚園を管轄してきた文部科学省がともに「幼保連携推進室」を通して監督し，既存の幼稚園や保育所などのうち，さきに挙げた ① ② の機能を満たすものが，都道府県知事によって認定され開設する。

0歳児から利用可能であり，利用希望する保護者は，直接認定子ども園に申し込む。入園した子どもは，共通保育時間4時間のほか，長時間保育を必要とする子どもには，給食・睡眠など基本的なケアも保障される。利用料は，設置者が決定し，保護者から設置者に支払われる。

認定子ども園では，保育者は，保育士資格や幼稚園教諭資格を活かしながら，園児と保護者に関わっていくとともに，地域子育て支援拠点事業も行っていく。育児相談はもとより，地域住民による育児ボランティアを導入し親子の遊びや話し相手を依頼するなどして，親子の集う常設の場を提供する。また，子育てサークルづくりの支援や子育て・子育て支援に関する講習会等の実施を行う。

(3) 保育サービスにおける今後の課題

長引く不況，核家族化の進行，共働きの増加にともなって，保育所を利用する子ども数は，厚生労働省の報告によれば，2005年4月現在約200万人（保育所数約2万3,000か所）であり，1995年以来増加し続けている。そして，保育所の利用を希望しながら出来ない子ども，いわゆる待機児童が，東京都，大阪市，堺市，横浜市，川崎市など大都市部を中心に深刻な問題となっている。待機児童数は2005年4月現在2万3,000人，そのうちの半数以上が低年齢児（1・2歳児）であり，多くの保育士を必要とする低年齢児保育を行う認可保育所の不足によって行き場がなく，営利本位のベビーホテルなどを利用せざるを得な

図表3-1　保育所と幼稚園，認定子ども園の制度の概要

	保育所	幼稚園	認定子ども園
所管	厚生労働省	文部科学省	厚生労働省と文部科学省共同所管
根拠法令	児童福祉法	学校教育法	認定子ども園法＊
保育の対象児	0歳児から就学前の保育に欠ける乳幼児	満3歳から就学前の幼児	0歳から就学前までの乳幼児
保育時間	8時間を原則とし，11時間以上開所。延長保育・一時保育もある	4時間を標準として各園で決める。預かり保育もある	4時間の共通教育時間と8時間の保育時間
職種・職員配置基準	保育士・嘱託医調理員・保育士の配置基準（0歳児3対1，1・2歳児6対1，3歳児20対1，4・5歳児30対1	園長・幼稚園教諭　1学級35人以下を原則。学級は同一学年で編成を原則	0歳から2歳児は保育士，3歳から5歳児は，幼，保両資格併有が望ましい 学級担任には幼稚園教諭免許保有者，長時間利用児へは保育士資格保有者を原則としつつ，片方の免許しか有しないものを排除しないよう配慮すること 0～2歳児については，保育所と同様の体制。3～5歳児については，学級担任を配置し，長時間利用児には個別対応が可能な体制
入園決定	保護者が市町村へ申し込み決定する	保護者が設置者（幼稚園）へ申し込み決定する	保護者が設置者（認定子ども園）へ申し込み決定する。市町村は，「保育に欠ける」判定を行うが，選考は設置者が行う
保育料・利用料	市町村ごとに決める	設置者が決める	設置者が決める
給食	給食を実施（調理室は必置）	任意	調理室が必置でなくてよい（外部委託も可能）
保育所数・幼稚園数（園児数）	22,570（1,993,684人）	13,949（1,738,766人）	

http//www.youho.org/gaiyo.html　2007年11月23日取得

注）＊「就学前の子どもに関する教育，保育等の総合的な提供の推進に関する法律」

出所）近藤幹生『保育園と幼稚園がいっしょになるとき』岩波書店，2006年
保育所数（在園児数）「2005年度　社会福祉施設等調査（厚生労働省）」
幼稚園数（在園児数）「2005年　学校基本調査（文部科学省）」

い状態におかれている。

厚生労働省は，「待機児ゼロ作戦（2008年からは，「新待機児ゼロ作戦」）」として，先に述べた家庭的保育事業（保育ママ）や幼稚園の預かり保育，企業内保育所などをもちいながら，この問題の解決に取り組んでいる。また，同省は，待機児童が50名以上いる市町村に対して，「保育計画」を作り，具体的な対策をとるよう義務づけてもいる。さらに，「認定子ども園」も待機児問題対応策の一つとされている。しかし，保育計画を義務づけられた市町村の数は，2004年94市区町村から2005年93市区町村とほとんど変わらず，認定子ども園の設置数も2007年８月現在105に過ぎない。

生まれたばかりで物言えぬ子ども，生まれて間もない子どもを預けて就労せざるを得ない状況におかれた親，その両者が，安心して受けることのできる保育サービスをどのようにして確保するのか，待機児童問題を通して，認可保育所のあり方も含めた日本の保育のあり方が問われている。

４．児童虐待

(1)　児童虐待とは

「平成18年度 社会福祉行政業務報告書」（厚生労働省）は，児童虐待について次のように述べている。

2006年度中に全国の児童相談所に寄せられた児童虐待相談件数は３万7,323件，統計を取り始めた1990年度の1,101件の約37倍となっている。

加害者の約63%は実母，次いで実父22%であり，実父母による虐待が８割以上を占める。これに対して，被害者は小学生が最多であり，次いで３歳から学齢前，０歳から３歳未満児の順である。虐待内容は身体的虐待が最多，次いでネグレクトである。

2000年には，家族内児童虐待の増加・深刻化に対応すべく，施策を具体化した法律「児童虐待の防止等に関する法律」（以下，児童虐待防止法）が制定された。

図表３－２　児童虐待の相談種別対応件数

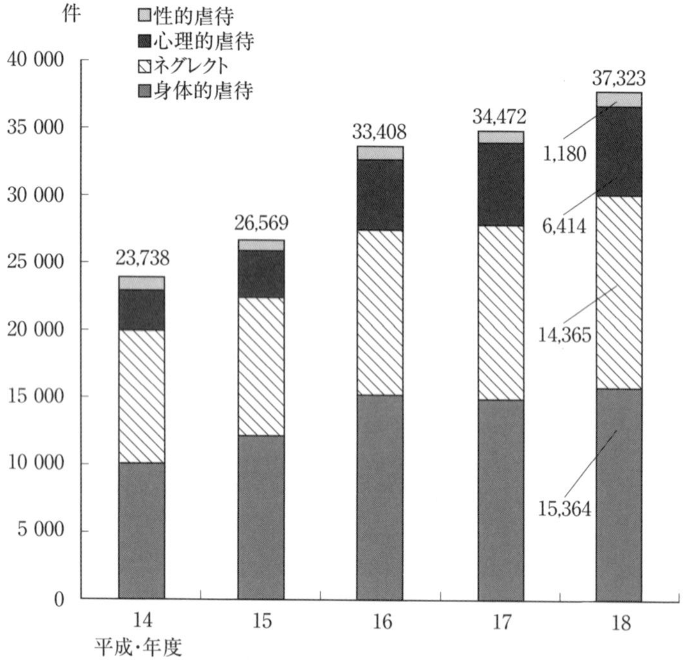
件
性的虐待
心理的虐待
ネグレクト
身体的虐待
40 000
35 000
30 000
25 000
20 000
15 000
10 000
5 000
0
23,738
26,569
33,408
34,472
37,323
1,180
6,414
14,365
15,364
14
15
16
17
18
平成・年度

http://www.mhlw.go.jp/toukei/saikin/hw/gyousei/06/kekka8.html
出所）厚生労働省「平成18年度社会福祉行政業務報告（福祉行政報告例）結果の概況」

児童虐待防止法第２条によれば，児童虐待とは，①殴る・蹴るなどの身体に加えられる身体的虐待，②言葉による脅かし，無視，兄弟姉妹間の差別，ＤＶを目撃するなどの心理的虐待，③食事を与えない，おむつなどの衣類を取り替えない，病気・けがの治療をしない，家や車中での長時間放置，保護者以外の同居人による虐待を放置するなどのネグレクト（育児拒否・放棄），④性行為の強要，ポルノグラフィの被写体にするなどの性的虐待と定義されている。これらの児童虐待は児童の立場からみて，心身の苦痛を伴う行為であるか否かで，しつけと区別される。

図表3-3　児童虐待相談の主な虐待者別構成割合

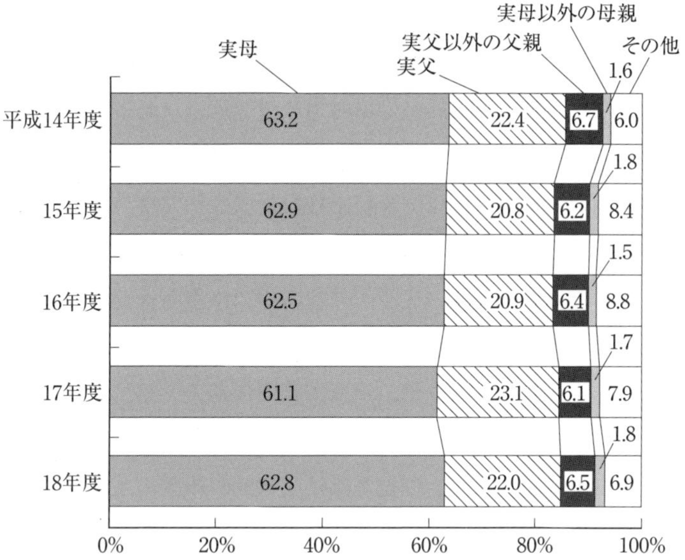
実母
実父
実父以外の父親
実母以外の母親
その他
平成14年度
63.2
22.4
6.7
1.6
6.0
15年度
62.9
20.8
6.2
1.8
8.4
16年度
62.5
20.9
6.4
1.5
8.8
17年度
61.1
23.1
6.1
1.7
7.9
18年度
62.8
22.0
6.5
1.8
6.9
0%
20%
40%
60%
80%
100%

http://www.mhlw.go.jp/toukei/saikin/hw/gyousei/06/kekka8.html
出所）厚生労働省「平成18年度社会福祉行政業務報告（福祉行政報告例）結果の概況」

(2) 児童虐待への対応

そして，児童虐待防止法第1条には，児童虐待が，児童の人権を侵害して人格を歪め，さらには，次世代の育成にも大きな影響を及ぼしかねない行為として，児童虐待の禁止を明記している。そして，予防，早期発見，被虐待児童の保護，自立支援にいたる，切れ目のない子ども・家族支援施策の実施を国家・地方自治体の責務としている。

まず，予防のための施策として，生後1年に満たない子どもの虐待死が多いことから，生後4ヶ月の乳児のいる全家族を保健師らが家庭訪問する「乳児家庭全戸訪問事業（こんにちは赤ちゃん事業）」や先に述べた地域における子育て支援事業の一環として，養育支援家庭訪問事業の実施があげられる。

そして，児童虐待の被害を最小限に食い止めるためには，早期発見と通告が大きな意味を持つとして，児童虐待防止法第5条，6条では保育士や学校の教職員，医師，看護師，保健師など，子どもにかかわる専門家による早期発見と市町村や児童相談所などへの通告（連絡）の義務を定めている。通告（連絡）は，守秘義務を犯すものではない。また，「虐待を受けたと思われる子ども」を見出した場合も，市町村あるいは児童相談所へ通告（連絡）することが定められている。

なお，2004年の児童虐待防止法及び児童福祉法改正では，児童相談所と市町村の各々の機能（働き）が明確にされ，市町村は子育て相談や通告を受ける第１次窓口とされた。すなわち，まず，通告や相談は市町村で対応し，専門的対応が必要と判断された場合，児童相談所へゆだねる（送致）かたちを取ることになったのである。むろん，直接，児童相談所に通告・相談しても違法ではない。

さらに，児童虐待防止法および児童福祉法は2007年改正され，子どもの命を守ること（安全確認と保護）が，より強調された内容となった。すなわち，① 通告を受けた市町村や児童相談所は，教師，保育士や民生委員などによる家庭訪問を行い，眼で見て児童の安全を確認しなければならない，② 家庭訪問を拒否された場合，都道府県知事から，保護者に対して，子どもを伴った出頭要求がなされる，③ 保護者に出頭を拒否され，立入調査（保護者の同意に基づく）と再度の出頭要求も拒否された場合，裁判所の許可のもと児童相談所の職員が強制的に鍵を開けて住宅内に入り，子どもを保護することができることとなった。

子どもの一時保護は，児童福祉法第33条に基づき，児童相談所長によって必要と判断された場合，子どもを児童相談所併設の一時保護施設や乳児院などで原則２ヶ月を超えない期間行われる。さらに，親子分離が必要な場合，児童福祉法第27条に基づき，都道府県（児童相談所）によって子どもの施設入所の措置がとられる。子どもの施設入所を保護者が拒否した場合は，児童福祉法第28条により，家庭裁判所の承認を経て，２年の期間限定のもと措置入所の運びとなる。この２年という期間は，虐待した保護者に，「永遠に司法や行政に子ど

図表3-4　児童の安全確認・保護のプロセス（簡略図）

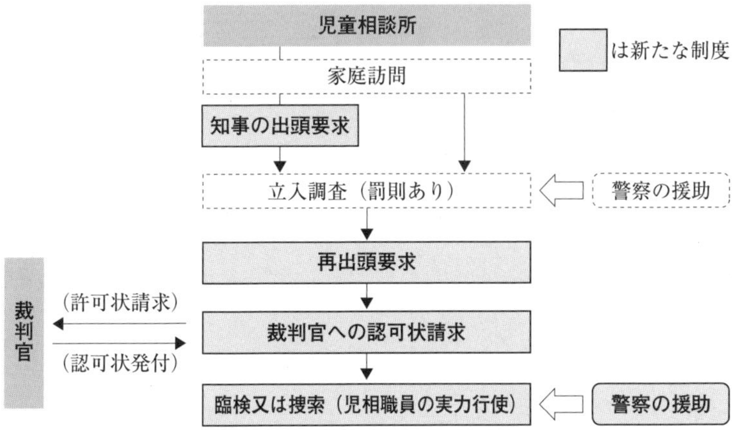
児童相談所
は新たな制度
家庭訪問
知事の出頭要求
立入調査（罰則あり）
警察の援助
再出頭要求
裁判官
（許可状請求）
裁判官への認可状請求
（認可状発付）
臨検又は捜索（児相職員の実力行使）
警察の援助

もを奪われた」と思わせるのではなく，みずからの行為を見直していけば，2年後には，子どもと生きていくことができるのだという，家族再統合への動機づけの意味をもつ。ただし，2年以上の延長の可能性もあると定められている。

また，児童虐待防止法の2007年改正では，一時保護の際にも，保護者に対して面会・通信の制限がなされることになった。さらに，児童の施設入所の際には，保護者のわが子の施設入所に対する同意・不同意を問わず，面会・通信が制限されることになった。そして，新たに，都道府県知事が保護者に対して通学時のつきまといや子どもの居所周辺での徘徊を禁止できる制度（接近禁止命令制度）の創設も盛り込まれた。

ところで，虐待した保護者に対しては，児童福祉司などから指導を受ける義務も課せられている。子どもが施設入所となった場合は，児童福祉司らによって，施設側と連携のもと家族再統合に向けた保護者への指導がなされていく。しかし，施設に空きがないなどの理由で，入所できない子どもも多く，同居する保護者が指導を拒否して再度虐待が行われる場合がある。そこで，2007年の法改正では，保護者が指導を拒否した場合，強制的な子どもの一時保護，あるいは施設入所の措置をとることが定められた。このように，児童虐待への対応

図表３－５　面会・通信制限の強化等について

	改正前	改正後
一時保護 ・虐待等により，児童を保護者から一時的に分離する必要がある場合に行われる児童の緊急保護	なし	**面会・通信制限** ※接近禁止命令が必要な場合，強制入所へ移行
同意入所等 ・保護者の同意の下に行われる児童養護施設等への入所措置や里親委託措置	なし	**面会・通信制限** ※接近禁止命令が必要な場合，強制入所へ移行
強制入所等 ・保護者の同意のないまま，家庭裁判所の承認を得て行われる児童養護施設等への入所措置や里親委託措置	面会・通信制限	面会・通信制限 ＋ **接近禁止命令** **（罰則あり）**

は，子どもに対する被害をできるかぎり食い止め，親権の乱用を厳しく制限する方向に向かっている。

(3)　児童虐待対応における今後の課題

児童虐待は，さまざまな要因が複雑に作用し合いながら，生じるとされている。その要因のおもなものには，保護者の失業・離婚に伴う経済的困窮，夫婦不和，近隣や親族からの孤立，子どもに障害や病気があり育てにくい，望まない妊娠・出産で子どもをかわいいと思えない，子育ての仕方がわからない，夫の育児への無理解による子育て疲労などがあげられる。これらの要因を踏まえながら，個々のケースに即した，物心両面にわたる保護者への立ち直り支援が必要であろう。むろん，市町村による子育て支援事業も十分に活用して，保護者を孤立させないことも大切である。そのために関係機関・施設の連携が求められる。この連携の場として，市町村，児童相談所，保育所をはじめとする児童福祉施設，学校，子育て支援事業関係者らが，被虐待児童とその家族に関する情報の交換や対応を協議する要保護児童対策地域協議会（児童福祉法第25条の２）がある。2007年の法改正で，この協議会を設置するのは努力義務（設置するよう努めなければならない）となったが，全市町村設置が急がれる。

なお，国は，2008年の児童福祉法改正に，これまでの家族内虐待の他に，施設内あるいは里親による虐待への対応を盛り込むとしている。具体的内容としては，施設内で虐待を発見した者の都道府県などへの通告義務，被虐待児自身による通告も定め，通告を受けた都道府県による調査や児童の保護を定める。

５．社会的養護（児童養護施設・里親・児童自立生活援助事業を中心に）

社会的養護とは，子どもが自分を生んでくれた家族（出生家族＝定位家族）において養育されることができない場合，家族（家庭）に代わる養育環境を国・自治体が提供することをいう。養育困難の事由としては，保護者による児童虐待のほか，保護者の死亡・蒸発・離婚・病気・けが・障害など，保護者の側の要因によるものと，子どもの障害・病気・非行など，子どもの側の要因によるものとに大別される。

そして，社会的養護のおもな形態としては，乳児院や児童養護施設，知的障害児施設のような入所施設における施設養護と里親に代表される家庭的養護があげられる。

ここでは施設養護の代表的存在として児童養護施設，家庭的養護の代表的存在として里親について学んでいく。

(1)　児童養護施設

児童養護施設とは，児童福祉法第７条・41条・27条に定められた児童福祉施設のひとつであり，保護者がいないか，いても，虐待するなどの不適切な養育環境に置かれている，おおむね２歳（例えば，きょうだいで入所する方がよい，あるいは，家庭復帰は困難であると判断された場合などは，乳児でも入所可能）から18歳未満（必要と認められた場合，20歳未満）の子どもに対して，安定した健やかな発達を保障し，退所後の自立支援も行う施設である。

施設への入所は都道府県（児童相談所）が行う。

この施設には，保育士，児童指導員，嘱託医，施設長らの職員が置かれている。特に，保育士，児童指導員は，児童相談所や学校と連携しつつ，子どもと生活を共にし，基本的生活習慣の形成や学習支援・職業選択の支援を行う。同時に，子どもの家族（家庭）復帰を目指して家族との調整も行っていく。

現在，この施設で生活する子どもの数は，全国で約３万人（厚生労働省「社会福祉施設等調査報告」2004年）であり，新規入所児童の62.1%が虐待を受けた子ども（2006年１月，全国児童養護施設協議会調べ）という報告もある。

これらの心身に深い傷や不安を持ちながら生きている子ども一人ひとりに対して，心身の安定・自己実現を促すケアが必要とされる。そこで，数名の子どもと約２名の職員が生活を共にする小規模ケア，被虐待児など特に困難を抱えた子どもへの被虐待児個別対応職員，家族再統合のため保護者や関係機関との調整をはかる家庭支援専門相談員（いわゆるファミリー・ソーシャルワーカー）の常勤配置の取り組みがなされつつある。そして，これらの専門職員の常勤配置とともに必要とされているのが，保育士や児童指導員の増員である。児童福祉施設最低基準による児童指導員・保育士の配置基準は，少年（小学生以上18歳未満の者）６名に対して職員１名とされており，この配置基準は，1976年以来変わっていない。すべての子どもに対する個別的・日常的関わりを可能とする職員配置基準の見直しの必要が関係者のあいだで叫ばれている。

以上みてきたように，児童養護施設は，家族に代わる子どもの育ちの場である。それとともに，近隣の家族の子育てを支える場としての役割も果たしている。

そのおもなものとして，ひとり親家族などの夜勤の際に子どもを夜間預かる夜間養護等事業（トワイライトステイ）や，出産，病気などで一時的に子育てが困難となった核家族やひとり親家族の子どもを短期間預かる短期入所生活援助事業（ショートステイ），地域の人々の子育て相談に24時間応じる児童家庭支援センターの併設があげられる。

(2)　里親制度

集団的な場で子どもの心身の安定・発達・自立を促していく児童養護施設に対して，家族（家庭）という場をもちいながら，擬似的親子関係のもとで愛着関係を創り出し，子どもの心身の安定・発達・自立を促そうとするのが里親制度である。児童福祉法第6条の3には，「里親とは，要保護児童（保護者のない児童，または，保護者に監護させることが不適当であると認められる児童）を養育することを希望する者であって，都道府県知事が認める者をいう」と定められている。なお，2008年予定の児童福祉法改正では，養子縁組を目的とした里親と目的としない里親（養育里親）を区別するとしている。里親を希望する者は児童相談所に申請する。そして，調査や研修などを受けた上で認定・登録され，児童相談所から子どもを委託される。

さらに，「里親の認定等に関する省令」によれば，里親には，養子縁組を前提とせず，要保護児童を保護者に代わって長期間育てる（おおむね18歳まで）ことを希望し一定の研修後，認定を受けた「養育里親」，祖父母やおじ・おばなど3親等内の者で，親の病気・死亡・蒸発・虐待などで養育困難となった孫や甥・姪の里親認定を受けた「親族里親」，1年間以内の期間限定（夏・冬休みや週末など）で要保護児童の里親認定を受けた「短期里親」，要保護児童のうち，特に被虐待児を2年以内の期間限定で養育する者として里親認定を受けた「専門里親」などに分類され，それぞれの里親の資格要件が規定されている。「専門里親」には，養育里親経験者か，児童福祉事業に従事した者などのうち，専門里親研修を終了し，専門知識に基づく理解と子どもへの深い愛情をもって養育できる人材が求められる。

また，里親による養育のあり方や，里親と児童相談所など関係諸機関との連携を定めた「里親が行う養育に関する最低基準」も示され，里親制度の質的向上が目指されている。実際，里親によって，心身の安定を取り戻す子どものケースも報告され[1]，里親制度のもつ意義は大きい。しかし，2005年現在，里親のもとで生活する子どもの数は，約3,300名に過ぎない。

そこで，国は，2008年の児童福祉法改正時新たに，一定の資格要件をみたした養育者の自宅などで，養育者の他に家事援助スタッフを配置して，５名以上の要保護児童の養育を行う小規模グループ形態の小規模住居型児童養育事業いわゆる「ファミリーホーム」の制度化をはかり，里親，施設とならぶ社会的養護の形態として位置づけている。

⑶　児童自立生活援助事業

義務教育終了後就労した時，あるいは18歳になった時，子どもは児童養護施設や児童自立支援施設，里親のもとを離れることになる。しかし，20歳前後の若者が，たった１人で今日の社会を生きていくことは難しく，犯罪にはしる者も少なくない。そこで，施設退所後の若者などを対象とした，日常生活・社会生活上の困難に対する相談援助活動が必要となる。そこで生まれたのが児童福祉関係者有志による「自立援助ホーム」の実践である。この自主的実践は，1997年，児童福祉法第６条の２に児童自立生活援助事業として法制化された。

児童自立生活援助事業は，自立を目的として，数名から20名までの共同生活の場（事業運営者の自宅や児童養護施設併設の住宅。自立援助ホームとよぶ）で，義務教育終了後のおおむね15歳から20歳未満の支援を必要とする若者に対して，職員（保育士や児童指導員），あるいは，夫婦（保育士や児童指導員資格をもつ者あるいは２年以上児童福祉事業等に従事した者）が，相談援助，基本的な生活習慣の形成援助，職探しの支援などを行う。利用期間は，およそ１年から２年である。利用希望先を本人が選択し，児童相談所に申込む。

今日，児童自立生活援助事業を必要とする若者が増えている。特に，かつて激しい児童虐待を受けた体験をもち，非行・犯罪を繰り返す若者への対応が，この事業の緊急課題とされていると，全国自立援助ホーム連絡協議会は述べている。にもかかわらず，児童自立生活援助事業の認知度は低く，事業への理解・支援も十分とはいえない。2008年1月現在この事業が行われているのは全国46ヵ所，約300名の若者が支援されているのみである。この状況をどのように改善していくか，国・自治体は，被虐待児への切れ目のない支援の一環としても，この事業のより一層の整備を図っていく必要がある。また，私たちの事業理解・支援も大切であろう。

(4) 社会的養護における今後の課題

以上，児童養護施設，里親，児童自立生活援助事業を中心として，社会的養護の形態とそれぞれの抱える問題についてみてきた。そして，社会的養護全体の今後の課題をまとめていうならば，傷ついた子どもに対する，信頼できる大人による日常的・個別的な対応の充実をはかることである。「家族は血のつながりのある者から成り立つ」，「子どもは，生まれた家族（産みの親）の中で育てられる」といった意識が強い日本社会において，「血のつながりがなくても，人と人は係わり合い，信頼し合い，育ち合っていくことができる」という意識変容を生み出すためにも，児童養護施設における児童指導員・保育士の配置基準の見直し，児童自立支援生活援助事業に対する補助のより一層の充実などが緊急の課題といえる。

6．配偶者からの暴力（DV）への対応

(1) DVとは

児童虐待とも深い関連を持つ配偶者による暴力（DV）への対応は，「配偶者からの暴力の防止及び被害者の保護に関する法律」（以下，DV防止法）に定められている。DV防止法においては，配偶者からの暴力は，人権侵害と明記している。特に，経済的に弱い立場にある女性に振るわれる暴力は，個人の尊厳侵害，男女平等実現への妨げとして排除し，被害者保護に努めるとしている。そして，国・地方自治体は，そのための通報・相談・保護・自立支援体制を整備することとしている。

図表3-6　法律全体の流れ

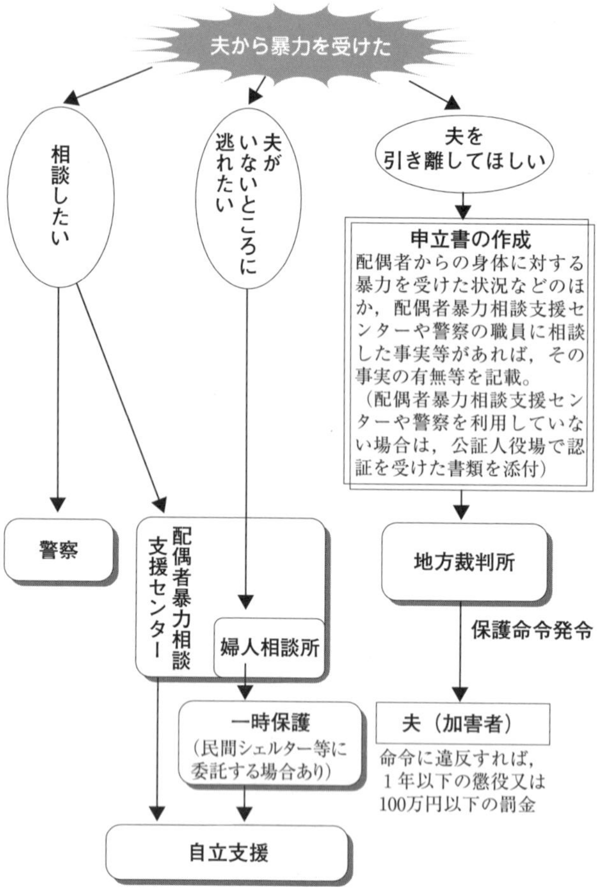
夫から暴力を受けた
相談したい
夫がいないところに逃れたい
夫を引き離してほしい
申立書の作成
配偶者からの身体に対する暴力を受けた状況などのほか，配偶者暴力相談支援センターや警察の職員に相談した事実等があれば，その事実の有無等を記載。
（配偶者暴力相談支援センターや警察を利用していない場合は，公証人役場で認証を受けた書類を添付）
警察
配偶者暴力相談支援センター
婦人相談所
地方裁判所
保護命令発令
一時保護
（民間シェルター等に委託する場合あり）
夫（加害者）
命令に違反すれば，1年以下の懲役又は100万円以下の罰金
自立支援

出所）　内閣府男女共同参画局編『配偶者からの暴力相談の手引』2005年，31ページ

ところで，DV防止法第1条は，「『配偶者からの暴力』とは，身体に対する暴力，または，これに準ずる心身に有害な影響を及ぼす言動をいう」と定義している。ここにいう「配偶者」とは，事実婚による者やもと配偶者，恋人も指す。DVをより具体的に示すなら，平手で打つ，蹴る，凶器を突きつける，物を投げつけるなどの身体的暴力，「誰のおかげで生きているんだ」「甲斐性な

図表3-7　配偶者からの暴力被害者支援関係機関・施設のつながり

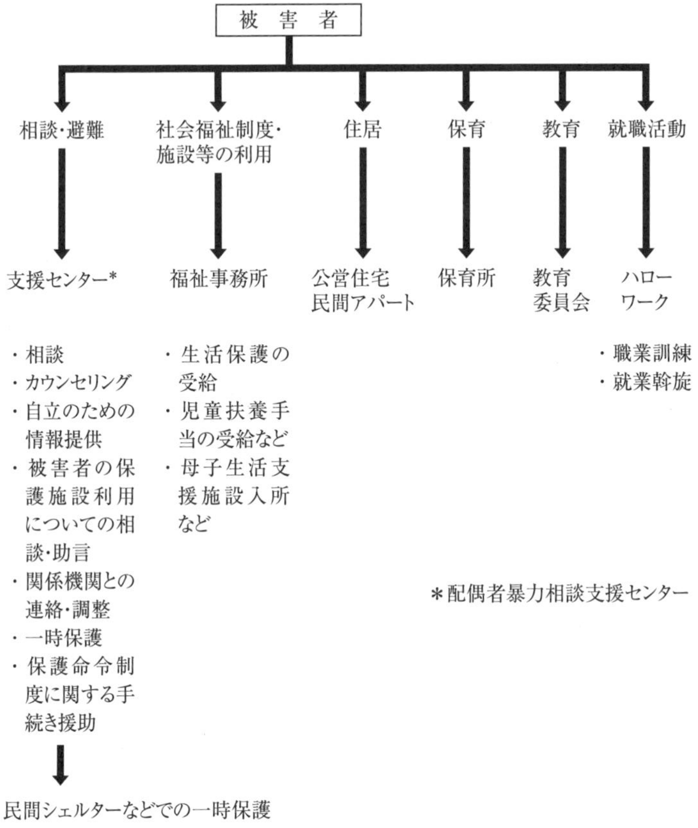
被　害　者
相談･避難
社会福祉制度･施設等の利用
住居
保育
教育
就職活動
支援センター*
福祉事務所
公営住宅
民間アパート
保育所
教育委員会
ハローワーク
・相談
・カウンセリング
・自立のための情報提供
・被害者の保護施設利用についての相談･助言
・関係機関との連絡･調整
・一時保護
・保護命令制度に関する手続き援助
・生活保護の受給
・児童扶養手当の受給など
・母子生活支援施設入所など
・職業訓練
・就業斡旋
＊配偶者暴力相談支援センター
民間シェルターなどでの一時保護

出所）内閣府男女共同参画局編『配偶者からの暴力相談の手引』2005年

し」などの暴言を吐く，手紙・電話の内容・交際をチェック・制限する，子どもに危害を加えると脅すなどの精神的暴力，性行為や中絶の強要，避妊への協力拒否などの性的暴力，生活費を渡さないなどの経済的暴力が挙げられる。

(2)　DVへの対応策

そして，DV防止法第6条は，配偶者からの身体的暴力によってけがや病気を生じたと認められる者を発見した医師・看護師等は，配偶者暴力相談支援センター（以下，支援センター。現在は売春防止法に基づいて都道府県に設置されている婦人相談所がその役割を兼ねている），あるいは，警察への通報の義務を負う（努力義務）としている。

一方，通報を受けた支援センター（婦人相談所）は，被害者に対する支援センターの役割説明や，相談助言を行い，必要と判断した場合，一時保護を受けるよう勧めることと定められている。

この一時保護は，支援センター（婦人相談所）に併設されている一時保護施設を利用するか，売春防止法に基づく婦人保護施設，民間のシェルターなどを用いて行われる。一時保護後は，被害者の自立を支援するため，支援センターの他に，福祉事務所や児童相談所もかかわり，生活保護制度の申請や児童扶養手当の受給，母子生活支援施設や保育所，児童養護施設などの入所，ハローワークでの求職活動などを支援していく。

(3) DV被害母子への対応に関する今後の課題

2007年には，DV防止法の改正によって，市町村における配偶者暴力相談支援センター設置の努力義務や保護命令制度の充実がはかられることになった。

これまで，配偶者暴力相談支援センターの役割は，都道府県の婦人相談所が担い，婦人相談員が直接相談に対応することになっていた。そのため，市町村の中には被害者の相談支援が手薄となっている所も目立っている。

婦人相談所・婦人保護施設・配偶者暴力相談支援センター

本来，婦人相談所とは，「売春防止法」に基づき，置かれている環境などからみて売春を行うおそれのある女性に対して，相談・指導・一時保護を行う機関。都道府県必置。ここに所属し相談・指導などを担当するのが婦人相談員である。

婦人保護施設とは，「売春防止法」に基づき，売春を行うおそれのある女性を入所させて生活指導・自立支援を図る施設。

これらの機関・施設・職員は，2002年「DV防止法」の制定によって，DV被害女性（あるいは母子）をも支援対象とすることになった。特に婦人相談所は，配偶者暴力相談支援センターの役割をも担うことになった。

そこで，2007年の改正では，市町村も自ら配偶者暴力支援センターを設置するよう努めることとなった。

このように，配偶者の暴力は許されないという認識が，法の上では明確になっており，そのための施策も整備されつつある。しかし，現在の日本社会には，「夫は，妻を殴って，自分の言う事を聞かせても構わない」，「妻は殴られても仕方がない」といった，未だに男性の暴力を認める意識が男女双方に残っていることも否定できない。私たちの意識改革も必要とされているのではないだろうか。

7．ひとり親家族（家庭）＝母子・父子家族（家庭）への支援

(1)　ひとり親家族（家庭）とは

核家族が大きな割合を占める現代日本社会において，離婚あるいは配偶者と死別したとき，子どもを抱えてひとり親家族（家庭），すなわち，父子家族（家庭），母子家族（家庭）となるケースは多い。

厚生労働省「2005年度全国母子世帯等調査結果報告」によれば，2003年11月1日現在，母子家族世帯数122万5,400世帯，父子家族世帯数17万3,800世帯である。いずれも，5年前の調査より増加しており，生別（おもに離婚）が死別を大きく上回っている。

国は，増加するこれらの家族を，ひとり親家族（家庭）として位置づけ，2002年の母子及び寡婦福祉法改正の際，第6条に，「この法律において『母子家庭等』とは母子家庭および父子家庭をいう」「この法律において『母等』とは母子家庭の母及び父子家庭の父をいう」とする表現で明記した。

(2)　ひとり親家族（家庭）への支援策

母子及び寡婦福祉法第1条に，法の目的として，ひとり親家族（家庭）のための施策実現をはかり，生活の安定・福祉の向上をはかることを掲げている。

母子及び寡婦福祉法に定められたひとり親家族（家庭）に対する支援とは，

乳幼児の世話や食事作りを行う，いわゆるホームヘルプサービスの提供（第17条・居宅等における日常生活支援）や保育所への入所に関する特別の配慮（第28条）があげられる。その他，特に，母子家族（家庭）に対しては，子どもの就学資金や転居資金などの貸付け，すなわち母子福祉資金の貸付け(第13条)，公営住宅への優先入居（第27条），ハローワークなどによる職業訓練や就職の斡旋（第29条，第30条），母子家族の母親を積極的に雇用した事業主や，都道府県の指定した介護福祉士資格取得などの教育訓練をうけた母親に対する母子家庭自立支援給付金の支給（第31条），福祉事務所において母子家族の経済的・精神的自立支援をはかる母子自立支援員の設置（第８条）などがあげられている。

また，ひとり親や子どもを孤立させないための事業として，土日電話相談や親同士の情報交換の場の提供，子どもの支え役となる大学生などを自宅に派遣する，いわゆるホームフレンド事業などを含む「ひとり親家庭生活支援事業」も行われている。

これらの他には，児童福祉法にもとづく子育て短期支援事業や子育て支援事業（保育所における一時保育など），母子生活支援施設の利用（ただし母子家族のみ），児童扶養手当法にもとづく児童扶養手当の支給（父子家族の場合は，重度障害者の父のみ）がある。

児童扶養手当

父親に扶養されていない，あるいは，父親が障害状態にある子どもを育てる家族（母親やその他の養育者）に対して，家族の安定と自立，子どもの福祉の増進のために支給される手当。受給の要件として，所得制限があり，老齢福祉年金以外の公的年金受給者は対象外。また，原則として，受給開始後５年を経過すると一部支給制限がなされると定められている。

⑶　ひとり親家族（家庭）への対応に関する今後の課題

これらのひとり親家族(家庭)への支援の最近の傾向として，2002年，母子及び寡婦福祉法改正にみられる母子自立支援員による母子家族への就労促進や，同時期になされた児童扶養手当法改正にみられる児童扶養手当の厳しい支給制限（原則受給開始後5年を経過すると支給を一部制限する）を通じての経済的自立の強調があげられる。

しかし，長引く不況のなか，経済的困難を訴えるひとり親家族は，母子家族，父子家族いずれにもみられると，さきの調査報告はのべている。また，児童虐待の加害者の多くは，ひとり親で経済困窮をかかえ，孤立しているという事実が，東京都福祉局の児童虐待白書（2001年）において指摘されていることも私達は見逃してはならないだろう。児童虐待防止，安定した社会の維持のために，母子・父子問わず，ひとり親家族に対する十分な経済的支援を検討する必要がある。

８．非　行

(1)　目的と趣旨

わが国の児童家庭福祉制度は，各種手当・事業などの在宅サービス，相談援助サービス等，多様な家庭支援策を講じており，児童が家族とともに家庭において健全に育成されるよう努めている。しかし，児童に保護者がいないか，保護者に監護（養育）させることが不適当（虐待他）である場合，国及び地方公共団体は，児童の権利を養護するために，保護者に代わって養育しなければならない。非行児童も「保護者に監護させることが不適当と認める児童」の範疇に含まれる。

非行児童のための福祉施策は，児童を健全に育成し，自立を支援するとともに，権利を養護することを目的としている。保護者が非行などの児童に適切な監護を行わない場合，児童相談所は保護者の求めがなくとも，あるいは保護者の意に反しても，児童に必要なサービスを提供しなければならない。

それは児童が次代の社会を担うかけがえのない存在であり，児童を心身ともに健やかに育成することは，次代の社会を豊かで安定した社会として築き上げ

図表３－８　少年法による非行少年の規定

年　齢	呼　称	対応機関
14 歳 未 満	触 法 少 年	児 童 相 談 所
	※虞 犯 少 年	児 童 相 談 所
14 歳 以 上 18 歳 未 満	虞 犯 少 年	児 相 ・ 家 庭
	犯 罪 少 年	家 庭 裁 判 所

注）※虞犯行為の主なもの：虚言癖・浪費癖・金品持ち出し・家出・放浪・暴力・性的逸脱行為等

ていくためにも，欠かすことができないからである。

(2) 現　状

1）非行少年とは

少年法において，「『少年』とは，20歳に満たない者をいう」（第２条）と定義し，審判に付すべき少年として，第３条に次のように規定している。「次に揚げる少年は，これを家庭裁判所の審判に付する。① 罪を犯した少年，② 14歳に満たないで刑罰法令に触れる行為をした少年，③ 次に揚げる事由があって，その性格又は環境に照して，将来，罪を犯し，又は刑罰法令に触れる行為をする虞のある少年，イ．保護者の正当な監督に服しない性癖のあること。ロ．正当な理由がなく家庭に寄りつかないこと。ハ．犯罪性のある人若しくは不道徳な人と交際し，又はいかがわしい場所に出入りすること。ニ．自己又は他人の特性を害する行為をする性癖のあること」。通常，① を犯罪少年，② を触法少年，③ を虞犯少年とよんでいる。14歳未満の触法少年・虞犯少年はすべて第一義的には児童相談所が取り扱い，14歳以上18歳未満の児童については，犯罪少年は家庭裁判所が，虞犯少年は児童相談所と家庭裁判所のいずれが取り扱ってもよいことになっている。なお，都道府県知事や児童相談所長から送致を受けた場合は，14歳未満の児童についても家庭裁判所の審判に付すことができる。また，家庭裁判所の審判によって，児童福祉施設（児童養護施設，児童

図表３－９　非行傾向のある児童への福祉的対応

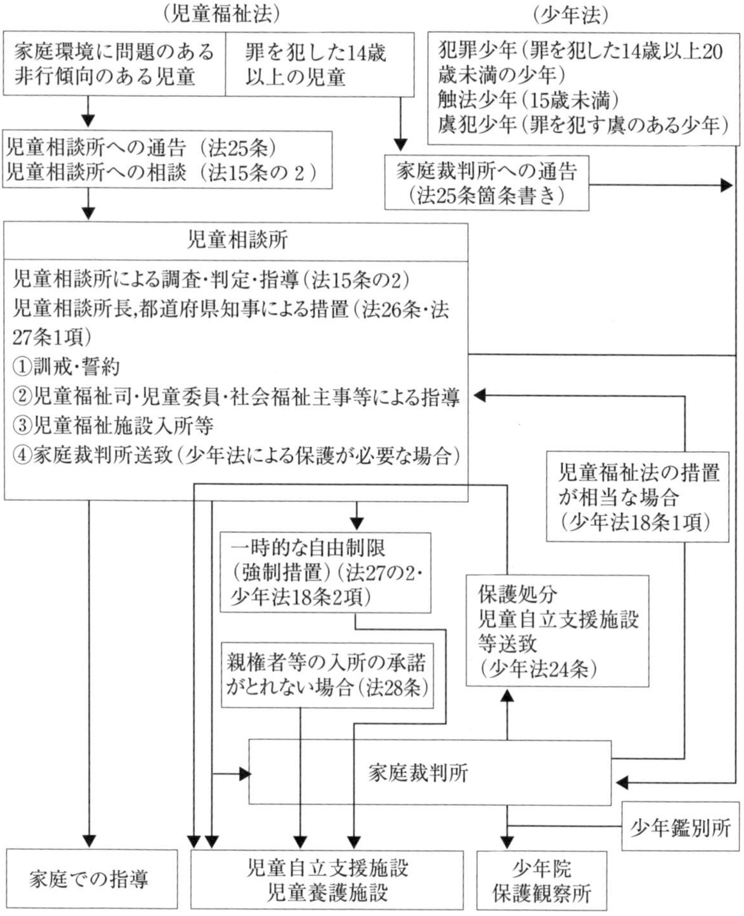
（児童福祉法）
（少年法）
家庭環境に問題のある非行傾向のある児童
罪を犯した14歳以上の児童
犯罪少年（罪を犯した14歳以上20歳未満の少年）
触法少年（15歳未満）
虞犯少年（罪を犯す虞のある少年）
児童相談所への通告（法25条）
児童相談所への相談（法15条の２）
家庭裁判所への通告（法25条箇条書き）
児童相談所
児童相談所による調査・判定・指導（法15条の2）
児童相談所長,都道府県知事による措置（法26条・法27条1項）
①訓戒・誓約
②児童福祉司・児童委員・社会福祉主事等による指導
③児童福祉施設入所等
④家庭裁判所送致（少年法による保護が必要な場合）
児童福祉法の措置が相当な場合（少年法18条1項）
一時的な自由制限（強制措置）（法27の2・少年法18条2項）
保護処分
児童自立支援施設等送致（少年法24条）
親権者等の入所の承諾がとれない場合（法28条）
家庭裁判所
少年鑑別所
家庭での指導
児童自立支援施設
児童養護施設
少年院
保護観察所

出所）　厚生統計協会『国民福祉の動向』1999年

自立支援施設）など児童福祉法の規定による措置が適当と認められる場合は，児童相談所に送致される。このように家庭裁判所と児童相談所とは相互に連携して，非行児童対策にあたっている（図表３－８，３－９）。

2）児童相談所の措置

児童の非行問題については，先にみたように，児童福祉法に基づく児童相談所での相談および援助と，少年法に基づく家庭裁判所の審判と対応とがある。

非行傾向のある児童のうち，家庭環境に非行の主な原因がある児童，14歳未満の児童などは，児童福祉の一環として児童福祉法上の措置がとられる（図表3－9参照）。

児童相談所では，調査・診断の上総合判定をし，次のような措置をとる。

イ．児童または保護者を訓戒し，または誓約書を提出させる。

ロ．児童福祉司，社会福祉主事，児童委員，児童家庭支援センターなどに指導させる。

ハ．里親に委託する，または児童自立支援施設等の児童福祉施設に入所させる。

ニ．家庭裁判所に送致する。

3）施設入所児童の自立支援

①　入所時の支援

児童の不安を取り除き，施設が安心して生活できる場であることを伝えるために，施設職員が入所前に面接し，ビデオや写真を用いるなど施設での生活について具体的な情報提供をしておくことが必要である。その際，「子どもの権利ノート」などを用いて，苦情解決のしくみなどについても説明しておくことが望ましい。

子どもの権利ノート

児童養護施設・児童自立支援施設へ入所する子どもに配布される冊子で，「児童の権利に関する条約」に則り，子どもの意見表明権，教育の機会の保証，施設職員の説明責任等，さまざまな権利について，子どもの理解力に合わせてわかりやすく書かれている。

②　施設内支援

1997（平成9）年の児童福祉法改正により，児童養護施設においても児童の自立支援が目的として明確にされた。児童の自立を支援していくということは，単に基本的生活習慣の習得や職業指導だけを意味するものではない。自立とは孤立ではなく，依存を排除しているものでもない。必要な場合に他者や社会に援助を求めることは自立の不可欠の要素であり，十分な依存体験によって育まれた他者と自己への基本的信頼感・自己肯定感を基礎にした総合的な生活力の育成が求められているのである。

③　児童自立支援計画

児童相談所の処遇指針を受けて，児童及び保護者の意向と関係機関の意見を踏まえて，児童が入所している施設が作成している。評価，意向聴取，計画，実践，再評価というケアマネジメントの観点を導入している。

④　家庭関係調査

2004（平成16）年４月には「家庭支援専門相談員」が児童養護施設や児童自立支援施設にも配置された。児童相談所の家庭復帰支援員など関係機関との連携を密接にし，役割分担をしつつ入所児童及び保護者に対する援助に当っている。

４）退所後の支援

2004（平成16）年の児童福祉法改正により，児童福祉施設の目的のなかに，退所したものに対する相談その他の援助を行う旨が明記された。

⑶　今後の課題

非行児童を適切に保護し，権利を養護するとともに自立を支援していくための課題として，次の３つが考えられる。

第１に，在宅サービスの充実が求められる。少年非行防止のための「年長児童の居場所づくり」，トワイライトステイ，ショートステイ等の充実をはじめとして，子育て支援事業を飛躍的に拡充させていくことが急務である。保護を必要とする状態になる前の予防策が重要なのは，非行児童に限らず，児童福祉全体に共通するものである。

第2に，相談機関の充実と専門性の強化が求められる。児童相談所やより住民に身近な児童（子ども）家庭支援センターなどの相談機関の充実と専門性が強化されることにより，被虐待児や非行児童の権利侵害に対するより適切な介入と児童の保護が図られなければならない。

第3に，児童の社会的養育の場である里親制度及び児童福祉施設のさらなる充実が求められる。

① 自立支援と権利養護の視点に立った施設サービスの改善と職員配置の充実。生活単位の小規模化と地域居住の推進

② 情報開示と施設サービスの第三者評価・苦情解決のしくみの実質化

③ 治療的機能の強化と情緒障害児短期治療施設の整備促進

④ 里親制度の活性化

⑤ 家庭環境調整と実親支援

⑥ 施設退所後の児童への支援

これらの課題を実現していくためには，行政や社会福祉法人だけでなく，ボランティア，NPO，企業など地域ぐるみの広範な支援・協力が必要であり，さらには国民の幅広い理解が得られなければならない。

非行児童を含め，要保護児童は他の福祉分野に比べ権利主張が弱いという特徴がある。児童自身の声に耳を傾け，代弁機能を果たしていくシステムを作り上げていくとともに，次世代を担う児童を健全に育成していくことの意義を広く国民に訴えていくことが必要である。

9．障害児の福祉

(1) 目的と趣旨

わが国における障害児（者）を対象とする福祉制度の理念的根拠となるのは障害者基本法である。障害者基本法は「障害者の自立及び社会参加の支援等」を目的としており，障害児に対する福祉制度の目的の一つは，障害児本人の将来の自立と社会参加であるといえる。

この背景にあるのは，第２次世界大戦後のさまざまな人権運動の高まりである。わが国においては，国際障害者年（1981年）や1989年に採択された「子どもの権利条約」により，障害児の権利を保障しようとする機運が高まった。特に，「子どもの権利条約」の第23条において，障害児が人間らしい生活を享受するためには，尊厳の確保や自立の促進，地域社会への積極的参加が必要であることが確認されている。それは，障害児の生活を保障するには，基盤としての基本的人権の保障が必要であるということを意味する。そのうえで，障害による非定型的な個別のニーズに対しては，一般的な定型サービスを拡充することで対応することが規定されている。つまり，障害児に対するサービスは，障害のない児童に対するサービスの延長線上にあり，まったく別の線の上にあるというわけではないのである。

障害児に対する福祉サービスは障害児の権利を保障しようとする試みにより具体化されてきた。わが国における代表例の一つとしてあげられるのは，1960年代初頭に糸賀一雄が近江学園（知的障害児施設）やびわこ学園（重症心身障害児施設）の実践の中で追求した「発達保障」という考え方である。「この子らを世の光に」という言葉に象徴されるその実践においては，外界に働きかけようとする能動的・主体的な活動をとおして人間は発達するものとされている。このような発達保障の考え方は現在の障害児福祉の根底をなす重要な価値観の一つとなっている。言い換えれば，現在の障害児福祉においては，障害児は保護の対象ではなく，自らの権利を行使する主体であるとみるようになっている。

もっとも，個人の発達は個人と環境とが相互に密接につながりあうことで実現するという性格を有している。2001年に採択された国際生活機能分類（International Classification of Functioning, Disability and Health : ICF）においては，個人と環境との相互作用の過程に何らかの問題が生じている状態を障害であるとしている。このような見方を総じて生活モデルという。生活モデルにおいては生活上の困難や不便の原因が個人にあるとはみず，社会の側に原因があるとみる。

障害児が自分らしく生活するためには，障害による非定型的な個別のニーズに対応するための追加負担が必要であるが，社会の側にそれだけの備え（配慮）がない場合に生活上の困難や不便となって現われてくる。加えて，社会の側の備え（配慮）が合理性を欠くような場合には，備え（配慮）は一転して差別となってしまう。そして，そのような差別はスティグマ（烙印）となり障害児とその家族を社会から排除する役割を果たしてしまう。

子どもを支える第一の組織は家族である。そのため，障害児福祉制度においては，障害児本人の発達を保障するのと同時に「障害児を支える家族」を支えるための施策が必要とされている。この場合の「家族を支える」とは，障害児を支える家族の2種類の負担を軽減するということである。それはすなわち，介護負担と経済負担である。

わが国においては，障害児に限らず，介護（ケア）は家族の責任という風潮がある。特に障害児の介護においては母親が中心とならなければならないことが多い。母親が孤立せず，周囲との関係を保ちながら介護を行えるようであれば問題はないが，罪責感等から介護を一人で抱えこんでしまう場合は問題が生じることがある。障害児福祉制度は家族が問題を抱えこまないようにすることも目的としている。

重度の障害児の介護を行っていくためには少なからず経済的な負担が生じる。介護に対する経済的負担が重くなればなるほど，その家族の社会とのつながりは断ち切られていくことになる。そのため，介護に対する経済的負担を軽減することで，障害児を支える家族と社会とのつながりを維持することが必要となってくる。それは同時に，障害児と社会との接点を維持することでもある。

(2) 障害児福祉の現状

障害児の福祉を推進するために福祉・保健・医療・教育等の幅広い分野において総合的に施策が実施されている。その中核となる法律は児童福祉法である。これは，児童福祉法がすべての子どもの福祉の増進を図るための法律として成立したためである。子どもの障害に対応したさまざまな施策・制度が実施されているが，それらは子どもの福祉を増進するための手段なのである。

「身体障害者福祉手帳」や「療育手帳」「精神障害者保健福祉手帳」などは児童福祉法に基づく施策ではないが，障害児（障害児の保護者）が交付を受けることもできる。手帳制度の目的は各種のサービス等を円滑に利用することであって，障害の分類が目的なのではない。そのため，すべての障害児が手帳の交付を受けているわけではない。

また，障害児の福祉を増進するためには，障害児に対して働きかけるだけでは十分ではない。一般的に子どもが常日頃から接する環境は家族であり，家族が安定することによって子どもの福祉は増進するといえる。障害児とその家族の場合，子どもの障害が家族関係に何らかの影響を与えることが多い。そのため，障害児を含めた家族全体を支えるために，相談支援や所得保障など家族に対する支援体制が整備されている。

児童福祉法は障害児の「子ども」という側面に焦点をあてているが，2006年に施行された障害者自立支援法は障害児の「障害」という側面に焦点をあてている。そのため，児童福祉法に基づいて実施されていた事業のうち子どもの「障害」に関する事業は，これからは障害者自立支援法に規定され，実施されるようになる。もっとも，2007年現在ではすべての事業が移行してはいない。

これまでの障害児福祉制度の主な対象は身体障害児と知的障害児であった。これは児童福祉法において，障害児が「身体に障害のある児童および知的障害のある児童」（児童福祉法第4条第2項）と定義されているためである。

「身体障害児・者実態調査」（2001年）や「知的障害児（者）基礎調査」（2005年）等の結果に基づけば，児童福祉法にいう障害児は21万5,000人と推定される（図表3-10参照）。一方，文部科学省の学校基本調査（2004年5月1日現在）での障害児は約25万人である。

ところが，さらに多くの子どもが福祉サービス等の個別支援を必要としているのである。近年，学校教育等の場において「自閉症，アスペルガー症候群そ

図表 3-10　児童福祉法等の規定に基づく障害児数

（単位：万人）

	総　数	在宅者	施設入所者
児童福祉法による障害児	21.5	19.9	1.6
身体障害児（18歳未満）	9.0	8.2	0.8
知的障害児（18歳未満）	12.5	11.7	0.8
特別支援教育の対象児	25.1	−	−
特別支援学校 ※1	10.5	−	−
特別支援学級 ※2	10.5	−	−
通級による指導 ※2	4.1	−	−
LD・ADHD・高機能自閉症等	68.0	−	−
精神障害者（20歳未満）	16.4	16.1	0.3

※1　特別支援学校の幼稚部、小学部，中学部，高等部の在籍者。
※2　小学校および中学校の在籍者。
出所）内閣府『障害者白書（平成19年版）』佐伯印刷株式会社，2007年，182ページ
文部科学省「学校基本調査（平成18年5月1日現在）」等をもとに作成

の他の広汎性発達障害，学習障害（LD），注意欠陥多動性障害（ADHD）その他これに類する脳機能の障害」のある児童・生徒の存在に焦点があてられるようになってきた。2002年に文部科学省が行った調査によれば，それら発達障害をもつ児童・生徒が約68万人いると推定されている。この調査は医師の診断に基づくものではないが，それでも，多数の子どもが福祉サービスの対象とされていない現状がうかがえる。これらの子どもたちは，2004年に成立した発達障害者支援法において，発達障害児として定義される（発達障害者支援法第2条)。また，障害者自立支援法により，「精神障害者のうち18歳未満である者」が障害児に加えられている（障害者自立支援法第4条第2項)。このように障害児と考えられる対象の範囲が徐々に拡大されてきている。

これらの障害児が「能力や可能性を最大限に伸ばし，自立し社会参加するために必要な力を培う」（障害者白書）ために行われているのが障害児福祉である。従来は障害児の受動的権利を保障するための「保護」が中心であったが，近年では，障害児の能動的権利を保障するための「自立支援」対策に重点がおかれ

図表３-11　小児慢性特定疾患治療研究事業の対象となる疾患

疾患群（11疾患群）	代表的な患群（514疾患）
悪性新生物	白血病，脳腫瘍，神経芽腫　等
慢性腎疾患	ネフローゼ症候群，水腎症　等
慢性呼吸器疾患	気管支喘息，気管支拡張症　等
慢性心疾患	心室中隔欠損症，心房中隔欠損症　等
内分泌疾患	成長ホルモン分泌不全性低身長症　等
膠　原　病	若年性関節リウマチ，川崎病　等
糖　尿　病	１型糖尿病，２型糖尿病，その他の糖尿病
先天性代謝異常	糖尿病，ウィルソン病　等
血友病等血液・免疫疾患	血友病Ａ，好中球減少症　等
神経・筋疾患	ウエスト症候群，無痛無汗症　等
慢性消化器疾患	胆道閉鎖症，先天性胆道拡張症

出所）厚生労働省ホームページより作成

るようになってきている。

(3)　支援のための仕組み

１）障害の予防，早期発見，早期療育

障害による生活の困難を軽減するためには，障害の早期発見と早期対応が必要である。そのために，フェニルケトン尿症や先天性甲状腺機能低下症（クレチン症），メイプルシロップ尿症，ガラクトース血症，ホモシスチン尿症，先天性副腎過形成症という６種類の先天性代謝異常を検査するための新生児マススクリーニング（集団検診）システムが母子保健法に基づいて整備されている。この検査は義務ではないが，原則としてすべての新生児に対する先天性代謝異常症の検査を公費により行うことができるようになっている。精密検査の結果，先天性代謝異常症が発見された場合は小児慢性特定疾患治療研究事業（児童福祉法第21条の５）により，医療費が公費負担される。

市町村において行われる１歳６ヵ月児健康診査や３歳児健康診査は障害の早期発見のためには有効なシステムである（図表３-12参照）。健康診査の結果，異常が認められた場合，身体面に関しては専門医による精密検査が行われ，精

図表３-12　母子保健法施行規則に定められている健康診査の項目

＜１歳６ヵ月児健康診査＞	＜３歳児健康診査＞
1　身体発育状況	1　身体発育状況
2　栄養状態	2　栄養状態
3　脊柱及び胸郭の疾病及び異常の有無	3　脊柱及び胸郭の疾病及び異常の有無
4　皮膚の疾病の有無	4　皮膚の疾病の有無
5　歯及び口腔の疾病及び異常の有無	5　眼の疾病及び異常の有無
6　四肢運動障害の有無	6　耳、鼻及び咽頭の疾病及び異常の有無
7　精神発達の状況	7　歯及び口腔の疾病及び異常の有無
8　言語障害の有無	8　四肢運動障害の有無
9　予防接種の実施状況	9　精神発達の状況
10　育児上問題となる事項	10　言語障害の有無
11　その他の疾病及び異常の有無	11　予防接種の実施状況
	12　育児上問題となる事項
	13　その他の疾病及び異常の有無

出所）母子保健法施行規則より作成

神面に関しては児童相談所において，精神科医や心理判定員による精密検査が行われる。発達障害者支援法が2004年に成立したことから，2005年度の乳幼児健康診査からは，児童の発達障害の早期発見に十分留意することとされている（発達障害者支援法第５条）。

これらの検査等により障害が早期に発見されたとしてもそれのみでは十分な対応とはいえない。障害の早期発見は，能力障害の軽減や二次障害の予防のための早期療育と組み合わされてこそ真価を発揮するのである。なお，障害をもっている子どもに加えて，障害をもつおそれのある子どもに対しても児童福祉法第19条の規定に基づく療育の指導が保健所を中心にして行われ，必要な場合は巡回指導や訪問指導が実施される。

幼児期からの早期療育訓練の場として設置されているのが，障害児のための通園施設である。児童福祉法に基づき，肢体不自由児通園施設，知的障害児通園施設，難聴幼児通園施設の３種類が設置されている。これらの施設は，1979年の養護学校（現在の特別支援学校）義務制以前は，就学猶予・免除された子どもたちの療育の場であったが，現在では，主に小学校入学前の幼児が通園している。また，1979年度からは，「時宜を失することなく障害に応じた療育訓練を行うため」として，それら３種類の施設のうち２種類以上を併設した心身障害児総合通園センターの整備が進められている。

1972年に制度化された心身障害児通園事業は，2003年度の支援費制度導入により児童デイサービス事業となり，2006年度からは障害者自立支援法の施行に伴い障害福祉サービスに含まれることとなった。低年齢のために障害がはっきりしていない「グレーゾーン」の子どもたちの療育の場として重要な役割を担っている。肢体不自由児施設等の厚生労働省令で定める施設において，日常生活における基本的な動作の指導や集団生活への適応訓練その他のサービスが提供されている。

障害のある乳幼児に対しては，通園施設（肢体不自由児・知的障害児・難聴幼児），心身障害児総合通園センター（通園施設が併設された施設），児童デイサービス事業などによって専門的保育や療育が行われている。また，近年は，特別支援学校の幼稚部等においても，在籍児以外の療育に関する相談に応じる体制が整備されつつある。

子どもに関する相談に応じる代表的な機関は児童相談所であるが，乳児期等の場合は障害の早期発見に関わってくるため，市町村が設置する保健センターや都道府県が設置する保健所など，保健医療機関の果たす役割が大きい。そして，次第に相談や療育の中心となってくるのが福祉事務所（家庭児童相談室）や児童相談所，児童福祉施設などである。就学前後からは特別支援学校等の教育機関が支援に加わり，保健（医療）・福祉・教育による重層的な支援が行われるようになっていく。しかしながら，早期療育体制に関しては自治体間での格差が著しい。

２）在宅福祉サービス等

在宅の障害児及びその家族の生活を支援するために児童福祉法に基づき実施されていたのが，児童居宅生活支援事業（児童福祉法第６条の２）である。児童居宅生活支援事業は，① 児童居宅介護等事業，② 児童デイサービス事業，

③ 児童短期入所事業，④ 障害児相談支援事業，⑤ 児童自立生活援助事業という5つの在宅サービスからなる。

このうち，①〜③ は一般的には，それぞれ，① ホームヘルプサービス，② デイサービス，③ ショートステイとよばれることが多い。これらは市町村による措置により実施されていたが，2003年度からの支援費制度においては障害児の保護者と事業者との契約制度に変更された。その後，障害者自立支援法の施行により，障害者自立支援法に基づく介護給付（居宅介護・児童デイサービス・短期入所・行動援護等）に再編成された。

従来，ホームヘルプサービスの一類型として位置づけられていた外出時の付き添いなどの移動支援（ガイドヘルプ）は，障害者自立支援法では市町村による地域生活支援事業に位置づけられている。同様に，従来，児童デイサービスが担っていた障害児の放課後対策や家族のレスパイトケアとしての機能も，日中一時支援事業として市町村地域生活支援事業に位置づけられている。児童デイサービスを利用できるのは原則としては就学前の児童であるが，それ以外の児童も利用することができないわけではない（年齢要件はない)。

④の障害児相談支援事業は，障害児（者）地域療育等支援事業が2000年に第2種社会福祉事業として法定化された事業である。主として在宅生活をしている障害児及びその保護者からの福祉に関するさまざまな相談に応じ，情報提供や助言・指導を行う事業である。また，市町村，児童相談所，障害福祉サービス事業を行う者，児童福祉施設等の関係機関との連絡・調整等の援助も総合的に行われる。

⑤の児童自立生活援助事業は，児童養護施設等を措置解除された（退所した）児童が施設生活から地域生活への移行をスムーズに行うために必要なアフターケア（フォローアップ）を行う事業である。

障害児やその家族が日常生活を円滑におくるためには，機能障害や能力障害を補完・代替するための補装具や日常生活上の便宜を図るための日常生活用具を利用することも効果的である。従来は義肢や装具，車いす等の補装具が現物支給（あるいは修理）されていたが，障害者自立支援法においては自立支援給付として補装具費が支給されるように変更された。同様に日常生活用具給付等事業も位置づけが変更され，障害者自立支援法における市町村地域生活支援事業として日常生活用具の現物給付（貸与）が行われている。補装具の購入や修理に際して給付されるのは費用の9割であるため，1割を自己負担することになる。一方，日常生活用具に関しては事業の実施主体である市町村が具体的な対象品や費用負担を決定することになっている。

これら以外にも，介護負担の軽減や生活の利便，移動保障，コミュニケーション保障のためにさまざまな施策が行われている。たとえば，自動車税の減免や各種交通機関の運賃の割引等は障害児の家族に対する所得保障であると同時に障害児の移動保障としての側面も有している。障害児に対する在宅サービスは，介護や療育にとどまらない幅広い施策として実施されている。

育児に伴う費用負担を軽減するための制度として児童手当制度がある。これに加えて，20歳未満で日常生活に著しい制限のある障害児を監護している父母（または養育者）には特別児童扶養手当が支給される。しかし父母または養育者の前年の所得が限度額以上の場合や，障害児が障害児のための児童福祉施設に入所している場合等の支給制限がある。

また，20歳未満で日常生活において常時介護を必要とする状態にある重度の障害児本人には障害児福祉手当が支給される。障害児福祉手当についても特別児童扶養手当と同様に支給制限がある。これらの手当の根拠法は「特別児童扶養手当等の支給に関する法律」であるが，これら以外の手当を条例により定めている自治体もある。

なお，手術等の治療により機能障害（疾患）の状態の改善が見込まれる身体障害児は障害者自立支援医療費（児童福祉法に規定されていた育成医療）の支給を受けることができる。その場合，原則として医療費の1割を自己負担することとなる。ただし，保護者の収入によっては支給を受けることができない場合がある。なお，入院時の食費は自立支援医療費の対象とはならない。

図表３-13　障害児のための福祉施設

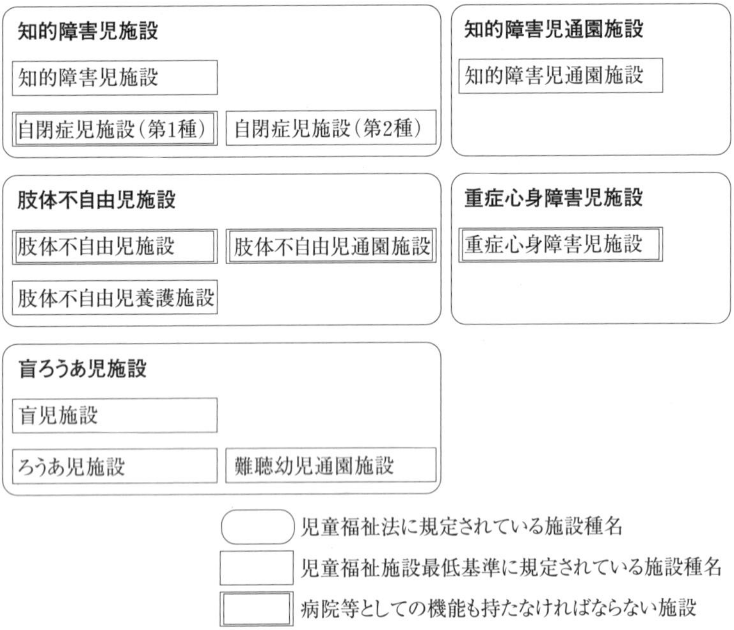
知的障害児施設
知的障害児施設
自閉症児施設（第1種）
自閉症児施設（第2種）
知的障害児通園施設
知的障害児通園施設
肢体不自由児施設
肢体不自由児施設
肢体不自由児通園施設
肢体不自由児養護施設
重症心身障害児施設
重症心身障害児施設
盲ろうあ児施設
盲児施設
ろうあ児施設
難聴幼児通園施設
児童福祉法に規定されている施設種名
児童福祉施設最低基準に規定されている施設種名
病院等としての機能も持たなければならない施設

出所）　児童福祉法および児童福祉施設最低基準より作成

３）施設福祉サービス

障害児を対象とする福祉施設は児童福祉法に基づき設置・整備されてきた。児童福祉法に規定されている児童福祉施設は14種類であるが，そのうち５種類が障害児を対象としている。これらの５種類の施設において行われる支援を総称して障害児施設支援という（児童福祉法第７条第２項）。なお，児童福祉法には，軽度の情緒障害を有する児童を対象とする情緒障害児短期治療施設が規定されているが，本節でいう障害児を対象とはしていない。情緒障害児短期治療施設は，障害児のための施設というよりは，むしろ児童自立支援施設や児童養護施設に近い位置づけの施設といえる。

障害児を対象とする５種類の児童福祉施設は「児童福祉施設最低基準」においてより細かく区分されるため，障害児を対象とする福祉施設は10（11）種類あることになる（図表3-13参照）。このうち，重症心身障害児施設，肢体不自由児施設，肢体不自由児通園施設，第1種自閉症児施設の4種類の施設は医療法に基づく医療機関（病院・診療所）としての機能ももっている。

児童福祉施設の入所対象は原則として「満18歳に満たない者」だが，障害児を対象とする児童福祉施設の場合，利用者の障害程度が重度である場合は，満18歳に達した後の延長利用が可能である。つまり，満18歳に達する前から児童福祉施設を利用していた場合は継続して利用することができるが，満18歳に達した後に新たに利用を開始することはできない。例外は重症心身障害児施設であり，満18歳を超えていても新たな施設利用が可能である。

このような，障害児を対象とする施設の体系自体は，2005年に成立した障害者自立支援法においても変更されなかった。しかし，障害者自立支援法施行後3年（2009年）を目途として，障害児を対象とする施設や事業の見直しをするための検討が予定されている。2007年時点では，既存の障害児のための児童福祉施設を「障害児支援施設」（第1種社会福祉事業）として再編することなどが考えられている。

一方で，障害児を対象とする児童福祉施設の利用方式は2006年10月から改められることになった。それまで，障害児を対象とする児童福祉施設を利用するための方式として採用されていたのは措置制度である。措置制度においては行政機関である児童相談所による措置（行政処分）を受けることで施設サービスを利用していたが，2006年10月からは，利用者（障害児の保護者）と施設との契約により施設サービスを利用することとなった。この方式は，障害者自立支援法に規定された障害福祉サービスと同様の方式であるため，実際の施設の利用に応じて，原則としてサービスに要する費用の1割や食費や光熱水費等の実費を負担することになった。なお，それらの費用負担に関しては，一定の負担軽減策が講じられている。

障害者自立支援法において，成人の障害者による施設の利用に関する事務の主体は市町村に一元化されることとなったが，障害児を対象とする児童福祉施設の利用に関する事務の主体は都道府県（児童相談所）のまま変更されていない（在宅サービスは市町村が担当する)。ただし，障害児を対象とする施設体系同様，見直しが予定されている。

(4) 今後の課題

わが国の障害児福祉制度は児童福祉法を中心に，母子保健法や身体障害者福祉法，知的障害者福祉法などにより順次整備・拡充が行われてきた。そのなかで福祉施設や制度の拡充にとどまらず，障害児の発達を支援するための知識や技術が蓄積されていった。

しかし，障害児の療育等のための施設・機関はすべての自治体（市町村レベル）に存在するわけではない。むしろ，専門の療育施設・機関が存在している自治体の方が少ないのである。また，現実には入所型の福祉施設を利用している障害児よりも在宅で生活している障害児が多い。そのため不十分な療育環境において，過剰な負担が家族にかかる傾向がある。在宅生活は望ましいものであるが，支援体制の伴わない在宅生活は障害児の福祉を増進しない。むしろ，障害児の家族関係の混乱を誘発し，障害児に対する虐待等を引き起こすおそれすらある。

施設福祉から在宅福祉へという時代の流れのなかで，福祉施設は自身がもつさまざまな知識や技術を広く公開することが必要である。言い換えれば，関連機関あるいは準専門機関における障害児の療育機能の向上を図っていかなければならないのである。たとえば，近年では保育所や小中学校において障害児，特に発達障害児の療育のための専門知識や技術のニーズが高まっている。療育機関・施設がこれらのニーズを直接的に解決するのではなく，保育所等を支援するしくみを整え，間接的に解決することが必要である。

発達障害のある子どもの支援体制の確立は，今後というよりも現在取り組む必要のある課題である。知的障害が重複している発達障害児の場合は，知的障害児として福祉制度の対象となるが，知的障害を重複していない高機能自閉症等の場合は制度の谷間となり福祉制度を利用できない場合が多い。発達障害者支援法により支援のための糸口は形作られているが，支援体制は具体化していない。特に発達障害に関しては，子どもに関わる専門職の間でも正しく認識されていないことが多い。育て方が悪かったからだとの誤った認識も根強く，それが家族を傷つけている場合すらある。子どもに関わる専門職にとっては，障害に関する知識や技術は必要不可欠であるといえる。これは障害児と接する機会が増えているからという理由ばかりではない。障害に向きあうということは，個々の子どもや家族が抱えているそれぞれの事情と向きあうことそのものである。そして，それは障害のあるなしや年齢に関わらず，対人援助における基本的な姿勢にほかならない。

原因が目に見える，あるいは見えなくともわかりやすい障害から，社会の理解は進んできた。これからは眼には見えない，あるいはわかりにくい障害に対する理解が広まるようにしていかなければならない。水面に生じた波紋がしだいに広がっていくように，障害に関する知識や技術がさまざまな人に伝わっていけば，障害児とその家族の生活が間接的に支えられることになる。

障害児の福祉は福祉制度だけでは達成できない。保健（医療）や教育，労働等の他の制度とも密接な関連をもち有機的に運用されなければ十分な効果は発揮できない。「点」の支援ではなく，他（多）分野との協働による「線」「面」の支援がなされなければならない。それは横断的な「連携」だけでなく，縦断的な「継続」としてなされる必要もある。特に，幼児期から学齢期，学齢期から青年期という移行期において，どのようにして支援を継続していくかが大きな課題となっている。

障害児の全員就学が実現してから間もなく30年がたとうとしているが，十分に社会参加できているといえる障害児は多くない。それは現代日本が障害児者を排除する構造を変えきれていないからである。たしかに，障害のある児童に対する早期からの働きかけは，能力障害を軽減し将来の自立と社会参加につながっていく。このことは間違いではないけれども，十分であるとはいえない。

障害児者の社会参加を目的に掲げるのはよいが，それのみでは視野が狭くなる。むしろ社会参加とは結果として達成されるべきものではないだろうか。

注)

1）和泉広恵『里親とは何か』勁草書房，2006年，97～230ページには，里親と里子それぞれのおもいが率直に語られている。

参考文献

柏女霊峰『現代児童福祉論（第８版）』誠信書房，2007年

高橋重宏・山縣文治・才村純編『子ども家庭福祉とソーシャルワーク（第３版）』有斐閣，2007年

川崎二三彦『児童虐待―現場からの提言』岩波書店，2006年

和泉広恵『里親とは何か　家族する時代の社会学』勁草書房，2006年

近藤幹生『保育園と幼稚園がいっしょになるとき―幼保一元化と総合施設構想を考える』岩波書店，2006年

山縣文治 柏女霊峰編集委員代表『社会福祉用語辞典（第６版）』ミネルヴァ書房，2007年

中央規出版編集部編『四訂 社会福祉用語辞典』中央法規，2007年

『社会保障の手引 施策の概要と基礎資料（平成19年１月改訂）』中央法規，2007年

厚生労働省編『平成19年版 厚生労働白書』ぎょうせい，2007年

内閣府男女共同参画局編『配偶者からの暴力　相談の手引（改訂版）』国立印刷局，2005年

福祉士養成講座編集委員会編『新版社会福祉士養成講座４　児童福祉論（第４版）』中央法規，2007年

◆読者のための参考図書◆

日本ダウン症ネットワーク『みんな大すき―障害児を抱きしめるたびにことばにできない愛がみえてくる』かもがわ出版，2002年

ダウン症の子どもと家族，関係者の手記等が，障害のある子どもと関わりたいあなたを後押ししてくれる。

内山登紀夫監修『ふしぎだね!?―自閉症のおともだち』ミネルヴァ書房，2006年

発達と障害を考える本の１冊（全12巻予定）。小学生がわかるように身近な素材をもとに説明されている。

松兼　功『この子がいる，しあわせ―わが子の障害を抱きしめて』中央法規，2004年

わが子の障害と向きあうことで4人のお母さんは幸せをみつけた。「幸せ」について考えてみよう。

海津敦子『発達に遅れのある子の親になる―子どもの「生きる力」を育むために』日本評論社，2002年

不安や戸惑いのなかで障害のある子を育てることの意味，そして子どもに伝えるべきものがみえてくる。

川崎二三彦『児童虐待―現場からの提言』岩波新書・赤版1030，岩波書店，2006年

ベテラン児童福祉司の視点から，児童虐待についての日本の現状・提言が示されている。

和泉広恵『里親とは何か―家族する時代の社会学』勁草書房，2006年

里親研究に関わる若い研究者の視点から，里親制度，そして家族について，里親や里子の語りを通して考察がなされている。

近藤幹生『保育園と幼稚園がいっしょになるとき―幼保一元化と総合施設構想を考える』岩波ブックレット，No.679，岩波書店，2006年

もと保育士，現在保育研究者の視点から，認定子ども園について解説しながら，現在の保育のあり方について考察がなされている。

ささやななえ著・椎名篤子原作『凍りついた瞳(め)』集英社，1999〜2007年

児童虐待を描いた，漫画シリーズである。このシリーズの中には，児童自立生活援助事業（自立援助ホーム）をえがいた『新 凍りついた瞳(め)』がある。

藤川洋子『「非行」は語る―家裁調査官の事例ファイル』新潮社，2002年

一向に減らない少年非行の報道，実態はどうなのか。本書は著者が家裁調査官として関わった事例をもとに，わかりやすく示されている。非行少年の処遇を検討する上でも，参考になる。

◇演習課題

① 障害のある本人や家族がインターネット上でさまざまな情報を発信している。それらを読んで，「障害とともに生きる」ということの意味について考えてみよう。

② 全国各地で行われている障害児の療育キャンプにボランティアとして参加してみよう。

※考えてみよう

① 児童虐待についての文献や新聞を読み，社会的背景との関連について考えてみよう。
② あなたの生活する市・町・村において，子ども・家族に対する社会的支援施策の内容を調べ，課題についても考えてみよう。
③ 児童人口は減少しているのに，児童福祉施設の入所児童が増加しているのは，なぜなのか考えてみよう。

第4章　児童家庭福祉の実施体制と仕組み

最近の児童家庭福祉の問題は，少子高齢化社会の進展，都市化，核家族化に伴う家庭や地域における子育て機能の低下，いじめや児童虐待などの増加等，児童や家庭を取り巻く問題の広がりは多方面に及び，これらの課題に対応するためには，さまざまな取り組みが必要となってきている。

わが国の児童福祉の実施体制を法体系からみると，児童自立支援施策（要保護児童施策），障害児施策，母子・寡婦福祉施策，母子保健施策，児童健全育成施策，保育施策の6つの分野からみることができる。

この章では，特に児童家庭福祉の施策の担い手である，児童福祉機関と児童福祉施設に関して，その機能と役割を理解するとともに，それらを支えている専門職についての理解を深める。

キーワード　**児童相談所，施設，専門職，関連機関**

1．児童家庭福祉の機関

児童や家族の問題が，家庭内で，また親族や近隣の人たちの援助，学校，地域の中で解決できないときに，どうするか。この場合，「相談」としてもちこまれる機関としては，公的な専門援助の機関として児童相談所があり，児童家庭福祉の第一線機関として，相談援助を通じて，児童の福祉をはかるとともにその権利を保護することを目的として活動を行ってきている。ここでは，児童家庭福祉の中心的な機関としての児童相談所を中心に，2004年度の児童福祉法の改正の中で，市町村における児童家庭相談活動が業務として明確に規定されたことをふまえ，市町村における児童家庭相談，関連機関として福祉事務所や保健所等の内容について学んでいく。

(1)　児童相談所の機能と役割

児童相談所は，児童福祉法第12条により，設置される児童福祉行政の中枢的な行政機関であり，都道府県（指定都市を含む）に設置義務が課されている（法第12条，第59条の４，地方自治法第156条別表５）。また，2004年の児童福祉法改正により，中核市程度の人口規模（30万人以上）を有する市を念頭に，政令で指定する市（児童相談所設置市）も，児童相談所を設置することができることとされている（法第59条の４第１項）。

児童福祉法改正後も，児童相談所は児童福祉行政の中核機関には変わりないが，市町村に児童家庭相談の第一義的な窓口が位置づけられたことにより，児童相談所の機能と役割は，専門的知識及び技術を要するものに対応する機能が中心となり，加えて，第一次的実施機関として法定化された市町村に対する支援も担うこととなっている。

児童相談所の運営については，児童福祉法，同施行令，同施行規則のほか厚生労働省雇用均等・児童家庭局長の通知「児童相談所運営指針」などによっている。2007年10月現在，児童相談所数は196ヵ所設置されている。

児童相談所の機能としては，相談援助活動の理念を実現するために，児童家庭福祉に関する一義的な相談窓口である市町村とその適切な役割分担・連携を図りつつ任務を果たしていく必要性があり，その機能を基本的機能（市町村援助機能，相談機能，一時保護機能，措置機能），民法上の権限（親権者の親権喪失の宣告請求，後見人の専任及び解任の請求を家庭裁判所に対して行うなど），及びその他の業務として，市町村における要保護児童対策地域協議会の設置や運営の支援など，市町村とともに関係機関のネットワーク化を推進するという役割も担っている（厚生労働省「児童相談所運営指針」）。

上記の援助活動を支える職員としては，所長をはじめ児童福祉司，相談員，児童心理司，医師，児童指導員，保育士などが配置されており，これらの職員のチームアプローチと合議制による判定とそれに基づく指導，措置などの援助が児童相談所の専門性を支える根幹となっている

児童相談所は，子どもに関する家庭その他からの相談のうち，専門的な知識及び技術を要するものに応じることになっている（法第12条）。また市町村か

ら専門的な援助を求められた場合，必要な措置を行わなければならないとされている。子ども本人やその家族などの一般の相談者の相談に関しても，相談の受付自体は幅広く行い，その内容に応じて，市町村等の関係機関中心の対応とする場合や，児童相談所自らが中心となって対応していくこともある。

児童相談所に寄せられる相談の種類は，大きく分けると養護相談（児童虐待相談を含む），障害相談，非行関係相談，育成相談，その他の相談に分類される（詳細は図表４－１を参照）。

平成18年度の受付総数は380,950件で，前年度より約31,000件増加した。これは，平成18年10月から施行された，障害者自立支援法の影響により，新たに障害児施設給付費の受給に係る手続きが加わった影響によるものと考えられる。総数の内訳は，障害相談が194,166件（約51.0％）と最も多く，次いで養護相談が78,698件（約20.6％）となっている。

児童相談所は，受け付けた相談について主に児童福祉司，相談員などにより行われる調査に基づく社会診断，児童心理司などによる心理診断，医師による医学診断，一時保護部門の児童指導員，保育士などによる行動診断などをもとに，原則としてこれらの者の協議により判定(総合診断)を行い，個々の児童に対する援助の指針を作成する（厚生労働省「児童相談所運営指針」)。

児童相談所は棄児・被虐待児童などの緊急保護，援助決定のための行動観察，短期の集中的な心理療法・生活指導などを行う短期入所指導を目的として児童の一時保護を行う必要がある場合には，児童相談所付設の一時保護所において一時保護し，またはほかの適当な者に委託して一時保護を行うことができる(児童福祉法第33条)。

一時保護の期間は，原則として２ヵ月を超えてはならないこととされている。一時保護児童の多くが，いわゆる被虐待などの養護問題を抱える児童である。

児童相談所が行う具体的援助は，在宅指導（保護者のもとで生活しながらの指導)，家庭から離れての指導（児童福祉施設入所措置，里親委託措置)，その他に分けられる。在宅指導には，措置によらない指導として，助言指導，継続

図表4-1　児童相談所が受け付ける相談の種類及び主な内容

養護相談	1．養護相談	父又は母等保護者の家出，失踪，死亡，離婚，入院，稼働及び服役等による養育困難児，棄児，迷子，虐待を受けた子ども，親権を喪失した親の子，後見人をもたぬ児童等環境的問題を有する子ども，養子縁組に関する相談。
保健相談	2．保健相談	未熟児，虚弱児，内部機能障害，小児喘息，その他の疾患（精神疾患を含む）等を有する子どもに関する相談。
障害相談	3．肢体不自由相談	肢体不自由児，運動発達の遅れに関する相談。
	4．視聴覚障害相談	盲（弱視を含む），ろう（難聴を含む）等視聴覚障害児に関する相談。
	5．言語発達障害等相談	構音障害，吃音，失語等音声や言語の機能障害をもつ子ども，言語発達遅滞，学習障害や注意欠陥多動性障害等発達障害を有する子ども等に関する相談。ことばの遅れの原因が知的障害，自閉症，しつけ上の問題等他の相談種別に分類される場合はそれぞれのところに入れる。
	6．重症心身障害相談	重症心身障害児（者）に関する相談。
	7．知的障害相談	知的障害児に関する相談。
	8．自閉症等相談	自閉症もしくは自閉症同様の症状を呈する子どもに関する相談。
非行相談	9．ぐ犯等相談	虚言癖，浪費癖，家出，浮浪，乱暴，性的逸脱等のぐ犯行為もしくは飲酒，喫煙等の問題行動のある子ども，警察署からぐ犯少年として通告のあった子ども，又は触法行為があったと思料されても警察署から法第25条による通告のない子どもに関する相談。
	10．触法行為等相談	触法行為があったとして警察署から法第25条による通告のあった子ども，犯罪少年に関して家庭裁判所から送致のあった子どもに関する相談。受け付けた時には通告がなくとも調査の結果，通告が予定されている子どもに関する相談についてもこれに該当する。
育成相談	11．性格行動相談	子どもの人格の発達上問題となる反抗，友達と遊べない，落ち着きがない，内気，緘黙，不活発，家庭内暴力，生活習慣の著しい逸脱等性格もしくは行動上の問題を有する子どもに関する相談。
	12．不登校相談	学校及び幼稚園並びに保育所に在籍中で，登校(園)していない状態にある子どもに関する相談。非行や精神疾患，擁護問題が主である場合等にはそれぞれのところに分類する。
	13．適正相談	進学適性，職業適性，学業不振等に関する相談。
	14．育児・しつけ相談	家庭内における幼児のしつけ，子どもの性教育，遊び等に関する相談。
	15．その他の相談	1～14のいずれにも該当しない相談。

出所）厚生労働省ホームページ「児童相談所運営指針」より

指導等があり，また，措置による指導としては，児童福祉法第26条１項２号や第27条１項２号による「児童福祉司指導」措置をとり，児童福祉司が，子ども保護者等の家庭を訪問したり，児童相談所に通ってもらったりして継続的に指導するものがある。

在宅指導では，児童福祉司の指導だけではなく，児童委員指導，児童家庭支援センター指導，知的障害者福祉司指導，社会福祉主事指導なども取ることができる。

児童福祉施設の入所や里親委託の措置は，在宅による指導では児童と保護者等のニードに答えることができないと判断される場合，児童福祉法第27条１項３号によりとられる措置である。

児童福祉施設入所や里親委託措置は，家庭裁判所の承認，保護処分の決定を受けたものを除いては，親権者または後見人の意に反して行うことはできないとされており，1997年児童福祉法改正により，施設入所措置・里親委託措置等を取る場合，児童及び保護者の意向を聴取すべきこと，その意向が，児童相談所の援助判断と異なる場合は　児童福祉審議会の意見を聞かなければならないこととされた。児童相談所が児童福祉施設入所措置などを決定するに当たり，児童虐待など児童や保護者の意向と児童相談所の判断とが一致しない場合には，都道府県・指定都市児童福祉審議会の意見を聴くこととされている（児童福祉法第27条６項）（図表４－２）。

児童相談所は，「欧米の child guidance clinic を範に取りながら，一方では，行政的措置機関としての機能を有するところに特殊性が見いだされる」といわれていた。ソーシャルワークの機能，クリニック機能，行政的措置機能を統合

介入的ソーシャルワーク

従来の受容的なソーシャルワークに対して，児童虐待対応において，立ち入り調査や職権での一時保護など，公的機関としての児童相談所の強権的な介入が，必要とされてきており，権限発動型の介入による援助方法に関して，介入型のソーシャルワークとしてよばれている。

図表4－2　児童相談所における相談援助活動の体系・展開

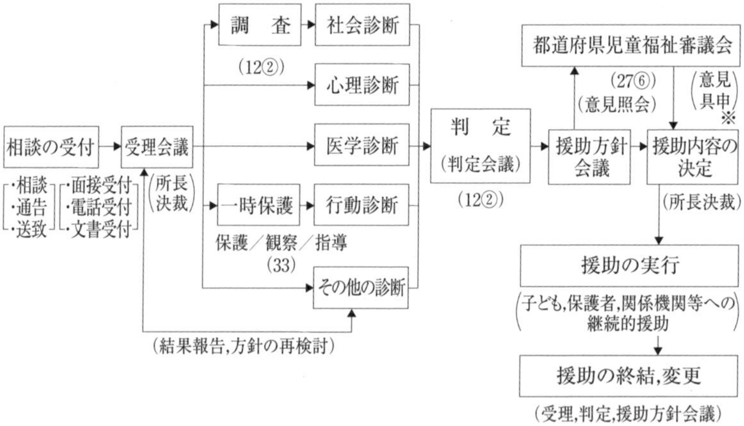

調　査
社会診断
(12②)
心理診断
相談の受付
受理会議
医学診断
判　定
(判定会議)
(12②)
・相談
・通告
・送致
・面接受付
・電話受付
・文書受付
(所長決裁)
一時保護
行動診断
保護／観察／指導
(33)
その他の診断
(結果報告,方針の再検討)
都道府県児童福祉審議会
(27⑥)
(意見照会)
(意見具申)
※
援助方針会議
援助内容の決定
(所長決裁)
援助の実行
(子ども,保護者,関係機関等への継続的援助)
援助の終結,変更
(受理,判定,援助方針会議)

援　　助	
1　在宅指導等 (1)　措置によらない指導(12②) 　ア　助言指導 　イ　継続指導 　ウ　他機関あっせん (2)　措置による指導 　ア　児童福祉司指導(26①Ⅱ,27①Ⅱ) 　イ　児童委員指導(26①Ⅱ,27①Ⅱ) 　ウ　児童家庭支援センター指導(26①Ⅱ,27①Ⅱ) 　エ　知的障害者福祉司,社会福祉主事指導(27①Ⅱ) (3)　訓戒,誓約措置(27①Ⅰ)	2　児童福祉施設入所措置(27①Ⅲ) 　指定医療機関委託(27②) 3　里親(27①Ⅲ) 4　児童自立生活援助措置(27⑦) 5　福祉事務所送致,通知(26①Ⅲ,63の4,63の5) 　都道府県知事,市長村長報告,通知(26①Ⅳ,Ⅴ) 6　家庭裁判所送致(27①Ⅳ,27の3) 7　家庭裁判所への家事審判の申立て 　ア　施設入所の承認(28①②) 　イ　親権喪失宣告の請求(33の6) 　ウ　後見人選任の請求(33の7) 　エ　後見人解任の請求(33の8)

注）　数字は児童福祉法の該当条項等
出所）　厚生労働省ホームページ「児童相談所運営指針」より

的な形で保持している機関といえる。しかしながら，最近の児童家庭問題の広がり，特に児童虐待の急増等から，行政措置機能が重要視され，介入型の対応等，児童相談所の機能に大きな変化が起こりつつある。

(2)　市町村における児童家庭相談

2004年度の児童福祉法の改正により，児童家庭相談体制が抜本的にみなおされ，子どもや家庭の状況，地域の状況を身近に把握できる市町村において，きめ細かな相談援助を行うこととされ，児童家庭相談に応じることが市町村の業務として明確に規定された。この制度改正に伴い，厚生労働省から「市町村児童家庭相談援助指針」が示されている。

従来，児童福祉法においては，あらゆる児童家庭相談について，児童相談所が対応することとされてきたが，近年の児童虐待相談件数の急増等により，緊急かつより高度な専門的対応が求められるようになったこと，また育児不安等を背景に，身近な子育て相談ニーズも増大しており，こうした幅広い相談すべてを児童相談所のみで受け止めることは，必ずしも効率的でなく，市町村をはじめ多様な機関による対応が求められている（「市町村児童相談援助指針」より）。

このような状況を踏まえて，各種子育て支援事業の法定化，児童に関する相談の第一義的窓口としての市町村の役割の明確化がなされた。市町村の行う業務として児童福祉法では次のように規定されている。

市町村は，児童及び妊産婦の福祉に関し，必要な実情の把握に努めること，必要な情報の提供を行うこと，家庭その他からの相談に応じ，必要な調査及び指導を行うこと並びにこれらに付随する業務を行うことと規定されている。また，市町村長は，専門的な知識及び技術を必要とするものについては，児童相談所の技術的援助及び助言を求めること，医学的，心理学的，教育学的，社会学的及び精神保健上の判定を必要とする場合には，児童相談所の判定を求めることとされ，体制整備に関して，市町村は，この法律による事務を適切に行うために必要な体制の整備に努めるとともに，当該事務に従事する職員の人材の確保及び資質の向上のために必要な措置を講じなければならないとされている。

このように，児童相談所が従来実施していた相談援助に関わる業務が市町村の業務としても位置づけられるようになったが，現状では，市町村の相談援助を受ける体制は十分に整備されているとは言い難く，また市町村の格差が危惧されているところである。そのため，従来にもまして，児童相談所による支援が欠かせない状況にある。

(3) その他の機関

1）福祉事務所

福祉事務所とは，社会福祉法第14条に規定されている「福祉に関する事務所」をいい，福祉六法（生活保護法，児童福祉法，母子及び寡婦福祉法，老人福祉法，身体障害者福祉法及び知的障害者福祉法）に定める援護，育成又は更生の措置に関する事務を司る第一線の社会福祉行政機関である。都道府県及び市（特別区を含む。）は設置が義務づけられており，町村は任意で設置することができる。2006（平成18）年４月現在，全国における福祉事務所は1,233ヵ所となっている。

福祉事務所には，所長及び事務を行う職員のほか，現業事務を行う職員として査察指導員（現業の指導監督を行う職員），現業員（社会福祉主事），身体障害者福祉司，知的障害者福祉司，老人福祉指導主事，家庭児童福祉主事等がおかれている。また，多くの福祉事務所には母子自立支援員（2003（平成15）年４月１日から母子相談員から名称変更）がおかれている。

福祉事務所における児童家庭福祉に関する相談機能を充実するため，家庭児童相談室を設置することができるとされており，2005（平成17）年現在，全国に964ヵ所設置されている。

家庭児童相談室は，児童家庭相談に従事する社会福祉主事と家庭相談員がおかれている。その主な児童福祉に関する業務は，児童及び妊産婦の福祉に関する事項について相談に応じ，必要な調査を行うとともに，個別的・集団的な指導を行うが，そのためには，絶えず所管区域内の地域の実情を把握しておく必要がある。

家庭児童相談室の設置運営については（昭和39年４月22日付け厚生省発児第52号）厚生事務次官通知に詳細が通知されている。

家庭児童相談室は地域に密着した機関として，児童福祉に関する各種相談等の窓口機関の役割をうけもつ。その特徴は，比較的軽易な相談事例を扱うこと，子ども会，母親クラブ等の地域組織を中心とする活動の実施などを行うなどとなっている。

福祉事務所は，地域に密着した機関であるとともに，住民に身近な窓口機関として，児童家庭や妊産婦等各種の相談に応じている。専門的判定や児童養護施設等への入所措置等を要すると認められるときは児童相談所に送致する。

そのほか，助産，母子保護に関するもの，母子・寡婦福祉貸付金の申請受理，身体障害児の補装具の交付・修理の申請受理などの業務を行っている。

2）保健所

保健所は，地域保健法に基づき，都道府県，指定都市，中核市，その他政令で定める市及び特別区に設置が義務づけられている地域における公衆衛生の中核的な機関である（地域保健法第5条，第6条）。

児童福祉に関しても主として母子保健の観点から重要な役割を果たしている。

近年，児童虐待問題が深刻化する中で，乳幼児健診や訪問活動などを通じて，虐待の発生予防，早期発見，虐待家庭への援助などの役割が期待されている。業務を項目別にみると，衛生知識の普及・指導，妊娠届け出の受理・母子健康手帳の交付，健康診査，訪問指導，療育指導等，児童虐待の発生予防・発見・援助となっている。

3）児童委員，主任児童委員

児童委員は，厚生労働大臣の委嘱により任命されるものであるが，民生委員もかねており，市町村の区域に置かれ，地域に密着して担当区域内の児童・家庭等の実情把握を行い，また児童福祉関係機関との連携のもとに，援助指導を行うもので，民間の奉仕者としての活動を行っている（児童福祉法第16条，市町村の区域に児童委員を置く。民生委員法，第5条民生委員は都道府県知事の推薦によって，厚生労働大臣がこれを委嘱する）。

児童委員は，「児童及び妊産婦につき，その生活及び取り巻く環境の状況を適切に把握しておくこと，その保護，保健その他福祉に関し，サービスを適切に利用するために必要な情報の提供その他の援助及び指導を行うこと，社会福祉を目的とする事業を経営する者又は児童の健やかな育成に関する活動を行う者と密接に連携し，その事業又は活動を支援すること，児童福祉司又は福祉事務所の社会福祉主事の行う職務に協力すること，児童の健やかな育成に関する気運の醸成に努めること，必要に応じて，児童及び妊産婦の福祉の増進を図るための活動を行うこと」と児童福祉法には規定されている。また，児童委員は，その職務に関し，都道府県知事の指揮監督を受ける（児童福祉法第17条）。

少子化の進行や児童家庭問題の複雑・多様化に伴い，児童委員の地域における子育て支援活動への期待が高まってきて，1994年から区域を担当せずに児童福祉に関する事項を専門的に担当する児童委員として「主任児童委員」が新たに設置された。

児童福祉法第17条の２には，「主任児童委員は，前項各号に掲げる児童委員の職務について，児童の福祉に関する機関と児童委員との連絡調整を行うとともに，児童委員の活動に対する援助及び協力を行う」と規定されている。2001年11月，児童福祉法改正で主任児童委員の業務が法定化された（児童福祉法第16条の２）。

厚生労働大臣は，児童委員のうちから，主任児童委員を指名することになっている。主任児童委員は都道府県知事からの推薦を受け厚生労働大臣が委嘱していたが，この改正で，厚生労働大臣が児童委員のうちから指名することとされた。主任児童委員は児童福祉の機関と児童委員との連絡調整を行う。

平成19年12月１日現在，民生委員・児童委員および主任児童委員の定数は23万2,103人で，実際に任命されている人数は，22万7,284人となっている。

それぞれ民生委員・児童委員と主任児童委員について詳細にみると，

	定　数	実際の人数
民生委員・児童委員	21万658人	20万6,327人
主任児童委員	２万1,445人	957人

となっている。

４）児童家庭支援センター

1997年の児童福祉法改正で地域に密着したよりきめ細かな相談支援を行う新

たな児童福祉施設として創設された。

児童家庭支援センターは，児童相談所等の関係機関と連携しつつ，地域に密着したよりきめ細かな相談支援を行う児童福祉施設である（児童福祉法第44条の2第1項)。その内容は，比較的軽微な児童問題の相談助言，児童相談所において施設入所までは要しないが継続的な指導が必要とされた在宅の児童やその家族に対する児童相談所からの指導措置委託に基づく指導，児童委員，母子相談員等との連携により問題の早期発見と児童相談所，施設との連絡調整等があげられている。児童家庭支援センターは，24時間365日体制で相談業務を行っていることから，夜間や休日における対応が可能である。

5）関連機関

児童の非行問題，虐待問題などを中心に，児童福祉の分野と司法・警察関連機関との連携は欠かせない。特に児童虐待への対応のなかで，警察の協力，裁判所等の司法機関の関与が求められ，児童虐待防止に関する法律の改正が行われてきている。

関連機関として家庭裁判所，少年鑑別所，警察についてみていく。

家庭裁判所は，夫婦や親族間の争いなどの家庭に関する問題を解決するための援助をする家事審判部（家事調停事項・家事審判事項)，14歳以上の非行少年に関わる保護事件の審判を担当する少年審判部がある。

児童福祉の分野との関係では，虐待や親権・扶養問題に関わる家事事件，非行少年の保護事件での関わりがある。最近では，2004年の児童福祉法改正で，要保護児童に関する司法の関与が強化され，従来から児童福祉法第28条による保護者の同意のないケースの施設入所措置の承認申請に関する措置がとられていたが，この改正で，家裁の承認を得て行う施設入所措置の期限を原則2年以内とすること（更新可能)，児童相談所の行う保護者への指導等について，必要に応じて家庭裁判所が関与できること，児童相談所長の親権喪失請求権を18歳まで拡大することなどが盛り込まれたこと，2001年の少年法の改正では，刑罰対象年齢が14歳以上に引き下げられたこと等から，ますます児童相談所との連携の強化が重要になってきている。

少年鑑別所については，家庭裁判所の審判に付すべき非行少年を収容し，処分決定の参考資料として，少年の資質の鑑別を行う施設である（少年法第17条1項2号の規定により送致された者を収容する施設）。

調査は医学，心理学，教育学，社会学その他の専門的知識に基づいて行われる（少年院法第16条）。

警察も児童福祉との関連性は高い。児童福祉に関わる各警察署の担当部署は，生活安全課の少年係である。警察は，要保護児童や触法少年等についても児童相談所等に通告する義務がある。

2000年施行の児童虐待の防止等に関する法律の中で警察署長に対する援助要請という形で，児童相談所が，児童の安全の確認や一時保護或いは立ち入る調査に関して，児童相談所長が援助を求めることができると規定されている（児童家庭福祉の機関の全体の関連性については第1章図表1-14参照）。

2．児童福祉の施設体系と里親制度

子どもは家庭の中で生まれ育まれて成長していく。家庭，地域の中で健全に成長するためにさまざまな支援のための施策が進められている。しかし，この家族の中で生活をしていくことが困難な状況が発生した場合，社会的な責任で子どもの生活と発達を保障していくことが必要となる。

少子高齢化が進む中で，子どもの絶対数が減少しているという状況であるのに，この家庭から離れて施設へ入所する子どもたちが増加している。

児童虐待の激増をはじめとして，子どもの養護の問題は広がっているといえる。

前節で特に中心的機関として児童相談所について述べたが，その中で，具体的援助として，在宅指導と家庭から離れての指導の2つについて説明した。

この家庭から離れて生活と発達を保障する場として，児童福祉法第27条1項3号の措置をとることができる旨が記載されている。その内容は，都道府県の取るべき措置として，「児童を里親に委託し，又は乳児院，児童養護施設，知的障害児施設，知的障害児通園施設，盲ろうあ児施設，肢体不自由児施設，重症心身障害児施設，情緒障害児短期治療施設若しくは，児童自立支援施設に入所させること」とされ，児童福祉法第６条の３に「里親」，第７条に「児童福祉施設及び障害児施設支援」として，規定されている。

児童福祉施設は，子どもや保護者等に適切な環境を提供し，養護，保護，訓練，育成さらに自立支援などのサービスを提供することを目的としている。児童福祉施設には，児童福祉法第７条には，助産施設，乳児院，母子生活支援施設，保育所，児童厚生施設，児童養護施設，知的障害児施設，知的障害児通園施設，盲ろうあ児施設，肢体不自由施設，重症心身障害児施設，情緒障害児短期治療施設，児童自立支援施設及び児童家庭支援センターの14種類があげられている。

児童福祉施設の設備及び運営は，入所している児童の健やかな成長，権利を保障し，適切な保護・自立支援・指導等が行われるものでなければならない。そのために，「児童福祉施設最低基準」において，それぞれについて詳細が定められている。

児童福祉施設を類型化してみると，養護に関する（保護，養護，自立支援などを行う）施設，障害児（障害児に対して保護，療育，訓練，自活訓練を行う）施設，育成関係（子どもの健全育成関係），保健（助産施設）の４つに分けることができる。また，行政機関による入所措置とサービスの実施決定を必要とする施設（法第27条１項３号の措置ほか）と児童や保護者の自由意志により利用できる施設に分けることもできる。

ここでは，主として，都道府県が措置を実施できる施設としてあげられている，養護を中心としている施設である乳児院，児童養護施設，情緒障害児短期治療施設，児童自立支援施設についてみていき，最後に社会的養護の一つで，家庭的な養護を受け持つ里親制度に関してみていくこととする。

(1) 乳児院

「乳児（保健上その他の理由により特に必要のある場合には，おおむね２歳未満の幼児を含む）を入院させて，これを養育する施設」（児童福祉法第37条）である。

保護者の病気や，家族の病気で付き添い看護を必要としたり，出産，離婚，家出，遺棄やその他止むをえない事情で乳児を育てられない場合，利用できる児童福祉施設である。職員としては，医師，看護師，栄養士，調理員，看護師は保育士又は児童指導員に代えることができるが，人員により必置数が決められている。1999年から，一部の施設に家庭支援専門相談員（ファミリーソーシャルワーカー）が配置され，2004年には常勤化となり，家庭環境調整の充実が図られるようになってきている。

(2) 児童養護施設

児童福祉法第41条には，「児童養護施設は，保護者のない児童（乳児を除く。ただし，安定した生活環境の確保その他の理由により特に必要のある場合には，乳児を含む。以下この条において同じ。）虐待されている児童その他環境上養護を要する児童を入所させて，これを養護し，あわせて退所した者に対する相談その他の自立のための援助を行うことを目的とする施設とする」と規定されている。児童養護施設は，戦前は，「孤児院」とよばれ，戦後，「養護施設」となり，1997年の児童福祉法改正により「児童養護施設」と名称が変更されている。

児童養護施設の機能は，社会の要請に応じて，変化してきている。

当初は，戦後の戦争孤児や引揚げ孤児などの貧困を理由とした児童に対する家庭の代替的機能を提供するという時代から，さまざまな問題を担う児童への教育・治療的な機能を志向する方向へと変わり，さらに，施設退所後のアフターケアの問題から，自立援助の必要性が注目されるようになってきた。

児童福祉法の改正で，退所後の相談及び自立支援という概念が位置づけられてきており，そのための職員として2004年４月１日から「家庭支援専門相談員」を配置して，虐待等の環境上の理由で入所している児童の保護者に対し，児童相談所との密接な連携のもとに電話や面接等により児童の早期家庭復帰，里親委託等を可能にする相談・指導の支援を行い，入所児童の早期退所を促進し，親子の再構築が図られることとなった。

児童養護施設の職員としては，児童福祉施設最低基準第42条で，児童指導員（児童の生活指導を行う者），嘱託医，保育士，栄養士及び調理員を置かなければならないとされている（児童40人以下を入所させる施設は，栄養士を置かないことができる）。また，職業指導を行う場合は，職業指導員を置かなければならないとしている。その他，児童指導員及び保育士の人数等についても記載されている。

最近の入所状況をみてみる。入所理由は，保護者の物理的な欠損を理由とする者が減少し，家庭環境を理由とするものが増加している。離婚，母親の蒸発，児童の置き去り等による入所が増え，被虐待児も増えている。

最近の動きとしては，子どもと職員の密接な信頼関係を図って，自立支援を行っていくために，また，児童虐待等で入所してくる子どもたちの心のケア等に関連して，施設の単位の縮小化，小規模化，地域化という方向と，対応する職員の配置などがはかられてきている。

①　児童養護施設分園型自活訓練事業：1992年から。中学３年生以上６人程度で，グループホーム型の分園を施設外に設置し，自立・自活を図ることを目的としている。

②　1999年から。心理療法を必要とする児童（被虐待児）が10人以上入所している場合，心理療法担当職員を配置することになっている。

③　地域小規模児童養護施設：2000年から。地域の一般住宅に６人の児童（年齢は問わない）２人以上の職員が補助しながら生活する。

④　被虐待児個別対応職員：2001年から。定員が一定以上の施設に個別面接，保護者への援助のために配置。

⑤　小規模グループケアの実施：2004年から。虐待を受けた体験のある児童が増えつつあるため，虐待による心の傷をもつ子どもたちのケアは，少人数のなかで手厚いケアが必要となり，実施されることとなった。

⑶　情緒障害児短期治療施設

「情緒障害児短期治療施設は，軽度の情緒障害を有する児童を，短期間，入所させ，又は保護者の下から通わせて，その情緒障害を治し，あわせて退所した者について相談その他の援助を行うことを目的とする施設とする」（児童福祉法第43条の５）。

この規定からみると，目的が「情緒障害を治す」ことにあり，治療施設的な色彩が強い。

情緒障害は，なんらかの心理的・社会的な要因などにより，情緒を適切に表出したり，抑制したりすることができない状態をしめすものである。

食欲不振，拒食，夜尿，かん黙，不登校，家庭内暴力，自傷行為等などが現れ，心理療法，行動療法等が有効であるといわれている。

職員は児童福祉施設最低基準第75条に，医師，心理療法を担当する職員，児童指導員，保育士，看護師，栄養士及び調理員の配置が記載されている。

1997年の法改正により，おおむね12歳未満という年齢制限が撤廃。それに伴い，摂食障害，家庭内暴力等の思春期児童の対応が課題となった。被虐待児の割合も増加している。また，2000年の「健やか親子21検討委員会報告書」では，2010年までに全都道府県に設置することを明確にした。

⑷　児童自立支援施設

「不良行為をなし，又はなすおそれのある児童及び家庭環境その他の環境上の理由により生活指導等を要する児童を入所させ，又は保護者の下から通わせて，個々の児童の状況に応じて必要な指導を行い，その自立を支援することを目的とする施設」（児童福祉法第44条）。

1997年の児童福祉法改正で，目的を「教護」から「児童の自立支援」に，名称を「教護院」から「児童自立支援施設」に変更し，新たに「家庭環境等により生活指導等を要する児童」を対象にした。

これまで義務教育に準ずる学科指導を受けていたが，施設長に就学させる義務が課せられ，地域の小中学校か施設内の分校に就学することになった。また，通所指導措置が可能になった（少年法の保護処分決定の児童は除く）。

職員については，児童福祉施設最低基準第80条にみると，「児童自立支援専門員（児童の自立支援を行うもの），児童生活支援員（児童の生活支援を行うもの），嘱託医，及び精神科の診療に相当の経験を有する医師又は嘱託医，栄養士並びに調理員を置かなければならない」とされている（栄養士・調理員には但し書きがある）。職業指導を行う場合は，職業指導員を置かなければならないとしている。その他，児童自立支援専門員と児童生活支援員の人数等についても記載されている。

(5)　里親制度

児童福祉法第６条の３で，「里親とは，保護者のない児童又は保護者に監護させることが不適当であると認められる児童を養育するものであって，都道府県知事が適当と認めるものをいう」と規定されている。

里親制度は2002年度に「里親制度の運営について」という厚生労働省雇用均等・児童家庭局長通知が出され，新たな制度改正が行われている。そこには，里親制度の趣旨として「里親制度は，家庭での養育に欠ける児童等に，その人格の完全かつ調和のとれた発達のための温かい愛情と正しい理解をもった家庭を与えることにより，愛着関係の形成など児童の健全な育成を図るものであること」と示されている。

また，「児童福祉施設の長は，里親とパートナーとして相互に連携をとり，協働して児童の健全育成を図るよう，里親制度の積極的な運用に努める。児童福祉施設に配置されている家庭支援専門相談員等は，里親への支援等に努めること」となっており，施設と里親の連携についても記載されている。

里親は，児童福祉施設と並んで養護にかける児童の福祉施策としては大切な役割をもっており，児童虐待の急増等から，社会的な養育の形態の中での家庭的な養育形態をもつものとして，期待されている。

登録里親の状況（図表４－３）は，平成2005（平成17）年登録里親が7,737人に対して，委託されている里親は，2,370人で委託されている子どもは3,293人となっており，児童福祉施設に入所している児童数と比べると，少なく，今後の課題となっている。

図表４－３　登録里親数等の推移

	昭和30年	40年	50年	60年	平成13年	14年	15年	16年	17年
登録里親数	16,200	18,230	10,230	8,659	7,372	7,161	7,285	7,542	7,737
委託里親数	8,283	6,090	3,225	2,627	1,729	1,873	2,015	2,184	2,370
委託児童数	9,111	6,909	3,851	3,322	2,211	2,517	2,811	3,022	3,293

出所）福祉行政報告例　各年度末現在
　　　厚生労働省ホームページ（http://www.mhlw_go.jp/bunya/kodomo/dv04/index_html）

里親の種類には養育里親，親族里親，短期里親，専門里親の４つがあり，それぞれ里親の認定に関する省令に詳細が規定されている。

①　児童福祉の施設体系と里親制度に関する今後の課題

児童家庭福祉施策は要保護児童施策から児童自立支援施策と代わってきている。保護を要する児童を適切に保護するとともに，児童の権利を擁護し，健全育成と自立支援を目指していくという方向に向かっており，児童福祉施設の役割も変化してきており，地域子育て支援への参加などが要請されてきている。

３．児童家庭福祉の専門職

児童家庭福祉のサービスは，児童福祉の専門機関・施設及び関連領域の機関や施設，その他，広範囲に渡り，さまざまな職種の担い手によって進められている。そこで，はじめに児童家庭福祉専門職に共通する意義，役割等について，

養育機能障害

養育機能の果たし方に問題がみられる場合に使われる。養育力の低下，不十分さを意味する。現在，家族だけで子どもを養育することが困難になってきており，社会的な養育の手だてが必要になってきている。養育機能としているが，個人的な問題としてとらえるのでなく，子どもの生存，生活を保護していくということとともに，子どもの成長を保護するということも含み，非行や不登校などの児童問題もこの養育機能の低下と関係があるというとらえ方が大切である。

社会的養護と家庭的養護

法律や制度によって明確に区別されるものではないが，一般的には主たる生活の場が，家庭である場合を家庭養護，家庭以外に生活の場がある場合を社会的養護という。家庭的養護は親子が在宅生活をしている場合を在宅養護，家庭から一定の時間通っている場合を通所型養護，社会的養護では，個別養護を前提としている家庭的養護（里親での養護）と集団生活を前提としている養護（児童福祉施設での養護）の2つがある。

児童の自立支援

自立支援については，1990年代後半から2000年の社会福祉法成立以降，幅広い領域で使われ始めている言葉，キーワードのひとつである。

児童養護施設に関しては，その目的の中に「退所した者に対する相談その他の自立のための援助」が加えられ，また，児童養護施設最低基準で「自立支援計画の策定」が求められるようになっている。また児童自立支援施設の目的に「必要な指導を行い，その自立を支援する」となっており，自立支援の観点にたったケアの充実が求められるようになっている。

なぜ，児童家庭福祉において，専門的な関わりを必要としているのか，その専門的関わりの基本的要件，身につけるべき姿勢はなにか，について触れ，次に実際の専門職員について，児童福祉行政機関の専門職員と児童福祉施設の専門職員，関連分野の専門職員についてその資格要件と業務内容について述べる。

(1)　児童家庭福祉の専門性

現代社会においては，少子化，夫婦共働き家庭の一般化，家庭や地域の子育て機能の低下などの家庭や地域を取り巻く環境の変化は大きく，児童家庭福祉の課題も複雑多岐にわたってきている。子どもの生活上の困難も複雑・多様化してきており，いじめや，不登校，児童虐待問題，地域にあるさまざまな問題に対応する必要が生じてきている。

子どもを育てるという部分では，一般の家庭の親（保護者）が担っているが，現状では，専門家の援助を必要とするようになってきている。特に，子どもに対する虐待等の場合については，公的な責任において，子どもの命を守るという視点からの介入が必要となってきている。子どもの命を守り，発達を支援する児童福祉の行政機関においては，この仕事にあたる者の資格・権限・責任が法的に規定・保障されていることが必要であり，この意味からも専門職を必要とする。

児童福祉の実践活動は，基本的には法律の運用という側面と，臨床的なソーシャルワークや心理療法という臨床サービスを提供するという２つの側面がある。

(2) 児童福祉専門職の基本要件

一般の専門職の条件は，体系的な理論があること，理論に立脚した特殊技能を，適切な教育又は訓練によって習得可能，技能の伝達可能性，専門的権威（権威についての社会的承認）倫理綱領があること，専門的な知識等があげられているが，児童家庭福祉の専門職は，上記の基本的要件を満たした上で，さらに，子どもに関わる専門職として，「子どもの最善の利益」の実現という基本的視点が必要である。現状の専門職に関しては，国家資格として「社会福祉士」があり，行政機関では，任用資格というかたちで規定されるなど，専門職制度としてみると，統合的な資格制度がなく，不十分な状態にある。

(3) 児童福祉機関・施設と専門職

１）専門行政機関における専門職種と職務・資格等

児童福祉法では，児童福祉の実施に関わる行政機関として，児童相談所，福

図表4－4　児童福祉専門行政機関

専門行政機関の種類	児童福祉関連業務(職務)の内容	主な専門職員
児童相談所 (法第12条) (地方自治法第156条)	相談・調査・診断・判定・援助（法第12条） 児童の一時保護（法第12条，第12条の4，第33条） 指導・施設入所，委託（法第26条，第27条の権限委任） 親権喪失宣告の請求等民法上の権限の行使（法第33条の6，7，8） 地域への相談援助活動の支援	所　長（法第12条の3） 児童福祉司（法第13条） 児童心理司（法第12条の3） 相談員 心理療法担当職員 教育・訓練・指導担当児童福祉司（スーパーバイザー） 医師（精神科医，小児科医） 保健師 児童指導員 保育士
福祉事務所 (社会福祉法第14条)	助産・母子保護の実施（法第22条，第23条） 母子家庭に関する相談 児童・妊産婦への相談・指導 家庭児童相談（社会福祉法第18条第3項，第4項）	社会福祉主事（社会福祉法第19条） 母子自立支援員 家庭相談員
保健所 (地域保健法第5条)	児童・妊産婦の保健について正しい知識の普及 未熟児訪問指導 養育医療給付 栄養改善指導 身体障害児・長期療養児療育指導（法第12条の6） （母子保健法） （地域保健法第6条）	医　師 保健師 助産師 薬剤師 診療放射線技師 栄養士 臨床心理士（嘱託）

注）表中「法」は「児童福祉法」のこと。
出所）福祉士養成講座編集委員会編『新版 社会福祉士養成講座4 児童福祉論』(第4版)，中央法規，2007年，254ページ

祉事務所，保健所を規定している。ここではそれらの行政機関に働く職員についてみていく（図表4－4参照)。

①　児童相談所の専門職員

児童福祉法では，「所長及び所員を置く」と規定しており，職員についての業務内容が「児童相談所運営指針」において示されている。また，児童相談所

の職員の専門性に関しては次のように書かれている。

「児童福祉に関する相談業務に携わる職員には，子どもの健全育成，子どもの権利擁護をその役割として，要保護児童やその保護者などに対して，援助に必要な専門的態度，知識技術を持って対応し，一定の効果を上げることが期待されている」。そのために獲得する内容として，専門的態度（子どもや保護者の基本的人権の尊重，児童家庭相談に対する意欲と関心，自己受容・自己変革），専門的知識（人間や子どもに関する知識，児童家庭相談に関する知識，児童家庭相談の周辺領域に関する知識），専門的技術（対人援助に関する技術，児童家庭相談に関する技術，児童家庭相談の周辺領域に関する技術）が必要とされている。」(厚生労働省「児童相談所運営指針)

ここでは，その中で児童福祉司及び児童心理司についてみていく。

② 児童福祉司

都道府県は児童福祉司を置かなければならないと児童福祉法で規定されており，「児童福祉司は，児童相談所長の命を受けて，児童の保護その他児童の福祉に関する事項について，相談に応じ，専門的技術に基いて必要な指導を行う等児童の福祉増進に努める」と児童福祉法に規定された職種（児童福祉法第13条第3項）で，そのおもな業務は，担当区域内の子ども，保護者等から子どもの福祉に関する相談に応じること，必要な調査・社会診断を行うこと，子ども，保護者，関係者等に必要な支援・指導を行うこと，子ども，保護者等の関係調整（家族療法など）を行うことが児童相談所運営指針に示されている（厚生労働省「児童相談所運営指針」)。

児童福祉司の任用要件については，児童福祉法第13条で，「① 厚生労働大臣の指定する児童福祉司若しくは児童福祉施設の職員を養成する学校その他の施設を卒業し，又は厚生労働大臣の指定する講習会の課程を修了した者，② 学校教育法 に基づく大学又は旧大学令に基づく大学において，心理学，教育学若しくは社会学を専修する学科又はこれらに相当する課程を修めて卒業した者であって，厚生労働省令で定める施設において一年以上児童その他の者の福祉に関する相談に応じ，助言，指導その他の援助を行う業務に従事したもの，③ 医師，④ 社会福祉士，⑤ 社会福祉主事として，二年以上児童福祉事業に従事した者，⑥ （①から⑤）に掲げる者と同等以上の能力を有すると認められる者であって，厚生労働省令で定めるもの」とされている。

③　任用資格（児童福祉法第13条第２項）

厚生労働省令関係では第６条に，「法第13条第２項第５号に規定する厚生労働省令で定めるものは，次の各号のいずれかに該当するものとする」として次のように規定されている。

「① 学校教育法による大学において，心理学，教育学若しくは社会学を専修する学科又はこれらに相当する課程において優秀な成績で単位を修得したことにより，同法第67条第２項の規定により大学院への入学を認められた者であって，指定施設において一年以上児童その他の者の福祉に関する相談に応じ，助言，指導その他の援助を行う業務（以下この条において「相談援助業務」という。）に従事したもの，② 学校教育法による大学院において，心理学，教育学若しくは社会学を専攻する研究科又はこれらに相当する課程を修めて卒業した者であって，指定施設において一年以上相談援助業務に従事したもの，③ 外国の大学において，心理学，教育学若しくは社会学を専修する学科又はこれらに相当する課程を修めて卒業した者であって，指定施設において一年以上相談援助業務に従事したもの，④ 社会福祉士となる資格を有する者（法第13条第２項第３号の２に規定する者を除く。），⑤ 精神保健福祉士となる資格を有する者，⑥ 保健師であって，指定施設において一年以上相談援助業務に従事したものであり，かつ，厚生労働大臣が定める講習会（以下この条において「指定講習会」という。）の課程を修了したもの，⑦ 助産師であって，指定施設において一年以上相談援助業務に従事したものであり，かつ，指定講習会の課程を修了したもの，⑧ 看護師であって，指定施設において二年以上相談援助業務に従事したものであり，かつ，指定講習会の課程を修了したもの，⑨ 保育士であって，指定施設において二年以上相談援助業務に従事したものであり，かつ，指定講習会の課程を修了したもの，⑩ 教育職員免許法（昭和24年法律第147号）に規定する普通免許状を有する者であって，指定施設において一年以上（同法に規定する二種免許状を有する者にあっては二年以上）相談援助業務に従事したものであり，かつ，指定講習会の課程を修了したもの，⑪ 社会福祉主事たる資格を得た後の次に掲げる期間の合計が二年以上である者（イ．社会福祉主事として児童福祉事業に従事した期間，ロ．児童相談所の所員として勤務した期間），⑫ 社会福祉主事たる資格を得た後三年以上児童福祉事業に従事した者（前号に規定する者を除く。），⑬ 児童福祉施設最低基準（昭和23年厚生省令第63号）第21条第3項に規定する児童指導員であって，指定施設において二年以上相談援助業務に従事したものであり，かつ，指定講習会の課程を修了したもの。」

④　第5号の「厚生労働省令」(児童福祉施行規則第6条)

児童福祉司は，子ども・家庭福祉の専門的知識と技能が求められるきわめて高い職種であるが，任用要件は，上記の状況であり，任用の実態は，都道府県によって異なっている。

2004年の児童福祉法改正により，任用資格の見直しで，「一年以上児童その他の者の福祉に関する相談に応じ，助言，指導その他の援助を行う業務に従事したもの」という形で業務経験を求めること，講習会の受講を前提として，保健師や保育士といった幅広い人材の登用を新たに認めるようになっている。

⑤　児童心理司

児童福祉法では，第12条に「判定をつかさどる所員の中には，第2項第1号に該当する者又はこれに準ずる資格を有する者及び同項第2号に該当する者又はこれに準ずる資格を有する者が，それぞれ一人以上含まれなければならない」との規定がある。

これは，児童心理司のなかに，① 厚生労働大臣の指定する児童福祉司若しくは児童福祉施設の職員を養成する学校その他の施設を卒業し，又は厚生労働大臣の指定する講習会の課程を修了した者，② 学校教育法 に基づく大学又は旧大学令に基づく大学において，心理学，教育学若しくは社会学を専修する学科又はこれらに相当する課程を修めて卒業した者が一人以上含まれていなければならないとされている。

児童心理司の職務内容としては，「子ども，保護者等の相談に応じ，診断面接，心理検査，観察等によって子ども，保護者等に対して心理診断を行うこと」「子ども，保護者等に心理療法，カウンセリング，助言指導等の指導を行うこと」とされている（厚生労働省「児童相談所運営指針」）。

児童心理司は都道府県で専門職として採用しているところが多い。

⑥　福祉事務所の専門職員

福祉事務所には，所長，指導監督を行う職員，現業を行う職員及び事務を行う職員を置くとされている。

「所の長は，都道府県知事又は市町村長（特別区の区長を含む。以下同じ。）の指揮監督を受けて，所務を掌理し，指導監督を行う所員は，所の長の指揮監督を受けて，現業事務の指導監督をつかさどる。また，現業を行う所員は，所の長の指揮監督を受けて，援護，育成又は更生の措置を要する者等の家庭を訪問し，又は訪問しないで，これらの者に面接し，本人の資産，環境等を調査し，保護その他の措置の必要の有無及びその種類を判断し，本人に対し生活指導を行う」とされている。現業を行う職員がいわゆる社会福祉主事に相当する。

ここでは，現業を行う職員として「社会福祉主事」と，児童家庭に関する相談に従事する「家庭相談員」についてみていく。

社会福祉主事については，社会福祉法第18条で，「都道府県，市及び福祉に関する事務所を設置する町村に，社会福祉主事を置く」と定められ，その他の町村でも社会福祉主事を置くことができるとされている。都道府県の社会福祉主事は，「都道府県の設置する福祉に関する事務所において，生活保護法，児童福祉法及び母子及び寡婦福祉法に定める援護又は育成の指定に関する事務を行うことを職務とする」となっている。

資格等に関しては，第19条に，「社会福祉主事は，都道府県知事又は市町村長の補助機関である職員とし，年齢20年以上の者であって，人格が高潔で，思慮が円熟し，社会福祉の増進に熱意があること，加えて次の各号のいずれかに該当するもののうちから任用しなければならない」とされている。

⑦　社会福祉主事の任用条件

「1．学校教育法（昭和22年法律第26号）に基づく大学，旧大学令（大正７年勅令第388号）に基づく大学，旧高等学校令（大正７年勅令第389号）に基づく高等学校又は旧専門学校令（明治36年勅令第61号）に基づく専門学校において，厚生労働大臣の指定する社会福祉に関する科目を修めて卒業した者

2．厚生労働大臣の指定する養成機関又は講習会の課程を修了した者

3．厚生労働大臣の指定する社会福祉事業従事者試験に合格した者

4．前３号に掲げる者と同等以上の能力を有すると認められる者として厚生労働省令で定めるもの」と記載されている。

社会福祉主事については，1950年の「社会福祉主事の設置に関する法律」に規定され，さまざまな公的な福祉援助機関において，基礎的な任用資格として位置づけられている。

公的機関では，児童相談所の児童福祉司，福祉事務所の身体障害者福祉司，知的障害者福祉司，老人福祉指導主事，家庭児童福祉主事などの専門的な福祉法領域の基礎要件となっている。

⑧　福祉事務所家庭児童相談室

家庭児童相談室には，社会福祉主事と１～２名の常勤ないし非常勤の家庭相談員が相談にあたっている。

家庭相談員の任用要件は，家庭児童相談室設置運営要綱により，「人格円満で，社会的信望があり，健康で，家庭児童福祉の増進に熱意を持ち，① 大学において，児童福祉，社会福祉，児童学，心理学，教育学若しくは社会学を専修する学科又はこれに相当する家庭を修めて卒業したもの，② 医師，③ 社会福祉主事として２年以上児童福祉事業に従事したもの，④ これらに準ずるものであって，家庭相談として必要な学識経験を有するものとされている。

課題として，非常勤であること，児童家庭福祉のどのような側面を担うのか，地域の子育て支援機関としての役割，児童虐待等の子どもの問題などがある。

⑨　保健所

専門職として，保健師，精神保健福祉相談員，栄養士，医師，助産師，薬剤師，診療放射線技師，臨床心理士が配置されている。

保健活動のキーパーソンは，保健師で，早期に子どもの健康状態を評価・把握して，現在及び将来実施すべき健康管理の方針を定め，必要とする療育・指導を行ったり，あるいは関連社会資源の活用について重要な指導を行っている。

2）児童福祉施設の専門職員

児童福祉施設で働く職員については，その仕事の内容から，子どもや保護者の相談や指導に当たる職員（施設によって呼称が異なっているが，児童指導員，母子相談員，児童の遊びを指導する者，児童自立支援専門員など），子どもの日常的ケアにあたる職員（代表的な職種は保育士），専門的な技術をもって子どもや保護者のケアにあたる職員（心理指導・心理療法を担当する職員，看護師，医師，栄養士など），施設長，事務職員。作業員などの施設の管理や事務を行う職員に分けることができる。

施設の職員に関しては，児童福祉施設最低基準に施設ごとに置かなければならない職員，職員の資格，業務などが規定されている。

児童福祉施設最低基準では，児童福祉施設における職員の一般的要件として，第7条に，「児童福祉施設に入所している者の保護に従事する職員は，健全な心身を有し，児童福祉事業に熱意のある者であって，できる限り児童福祉事業の理論及び実際について訓練を受けた者でなければならない」と規定されている。その上で，各施設の職員の任用条件等についての基準が示されている。

これらの職員について，最初に児童福祉施設で直接処遇職員として子どもの日常的なケアに関わる代表的な職種として「保育士」について，続いて，児童養護施設をはじめとして，ほとんどの児童福祉施設に配置され，保育士と同様に施設の中核的な役割を担う「児童指導員」に関して説明し，次に児童福祉施設ごとにみていくこととする。

保育士とは，児童福祉施設において，児童の保育に従事するとされており，保育所や児童養護施設では，中心的な役割を担っている。実際には，保育だけでなく，乳児の介護や介助，児童の生活指導や学習指導，障害児の療育・訓練や地域の子育て支援の専門家として家庭からの相談を受けるなど幅広い業務を担当している。

保育士の資格に関しては，児童福祉法第18条の４で，「この法律で，保育士とは，第18条の18第１項の登録を受け，保育士の名称を用いて，専門的知識及び技術をもって，児童の保育及び児童の保護者に対する保育に関する指導を行うことを業とする者をいう」とされ，その資格に関しては，児童福祉法の第18条の６で，「次の各号のいずれかに該当する者は，保育士となる資格を有する」として，２つが定められている。一つは，厚生労働大臣の指定する保育士を養成する学校その他の施設（以下「指定保育士養成施設」という）を卒業した者，後の一つは保育士試験に合格した者となっている。

2001年の児童福祉法改正で，保育士資格が児童養護施設の任用資格から名称独占資格に改められ，守秘義務，登録・試験に関する規定が整備されている。

児童指導員は，児童福祉施設において，児童の生活指導，学習指導，ケースワーク，グループワーク，就労指導等の自立支援，家族調整，地域調整等の幅広い業務を担っている。直接援助担当職員の代表的な性格をもつ職員といえる。

児童指導員の資格に関しては，児童福祉施設最低基準第43条で規定している。

以下，施設ごとに，みていく。

児童養護施設には，児童指導員，嘱託医，保育士，栄養士及び調理員を置かなければならない（法第42条）と定められている。

児童指導員の資格は，養成施設の卒業者，大学や大学院で心理学，教育学，社会学等を修めた者，高校を卒業して２年以上の児童福祉事業に従事した者，小・中・高校の教師の資格をもっていて厚生労働大臣又は都道府県知事が適当とみとめたもの，３年以上児童福祉事業に従事して厚生労働大臣又は都道府県知事が適当と認めたもの等とされている（法第43条）。

この資格要件に関して，児童指導員の資格は「任用資格」で，一定の試験をうけて，その合格によって得られる国家資格とは違い，大学・短大等で指定された科目を履修し，児童福祉施設において職務に従事する際に必要とされる要件である。

児童自立支援施設には，児童自立支援専門員，児童生活支援員，嘱託医及び精神科の診療に相当の経験を有する医師又は嘱託医，栄養士並びに調理員を置くこと（法第80条），職業指導を行う場合には，職業指導員を置くこと，児童自立支援専門員及び児童生活支援員の総数は，通じておおむね児童５人につき１人以上とするとされている。この中で，児童自立支援施設の長については，この施設のもつ性格から，幅広い学識と専門性が求められ，資格要件として，児童福祉施設最低基準第81条で定められている。ちなみに，資格としては，医師，社会福祉士の資格，児童自立支援専門員として働いた期間（経験），その他児童福祉司や社会福祉主事の資格をもっている場合の経験年数を前提として，児童自立支援専門員養成所が行う児童自立支援施設の運営に関し必要な知識を習得させるための研修又はこれに相当する研修を受けた者でなければならないとされている（法第81条）。

児童自立支援専門員は，児童の自立支援を行う職員であり，その資格としては，「医師（精神保健に関して学識経験を有する者），社会福祉士，児童自立支援専門員を養成する学校・施設を卒業した者，大学で心理学，教育学若しくは社会学を修めて卒業した者，大学院への入学を認められた者で，児童自立支援施設での経験（期間）等」が定められている。

児童生活支援員は，「児童の生活支援を行う職員であり，保育士の資格を有する者，社会福祉士となる資格を有する者，３年以上児童自立支援事業に従事した者で，厚生労働大臣又は都道府県知事が適当と認めた者」となっている。

母子生活支援施設には，母子指導員（母子生活支援施設において，母子の生活指導を行う者をいう。以下同じ。），嘱託医，少年を指導する職員及び調理員又はこれに代わるべき者を置かなければならない。ただし，調理業務の全部を委託する施設にあっては，調理員を置かないことができる（法第27条）。

母子指導員は，「児童福祉施設の職員を養成する学校その他の養成施設を卒業した者，保育士の資格を有する者，社会福祉士の資格を有する者，学校教育法の規定による高等学校若しくは中等教育学校を卒業した者，同法第56条第２項の規定により大学への入学を認められた者若しくは通常の課程による12年の学校教育を修了した者又は文部科学大臣がこれと同等以上の資格を有すると認定した者であって，２年以上児童福祉事業に従事したもの」となっている。

児童厚生施設には，児童の遊びを指導する者を置かなければならないとされ，児童の遊びを指導する職員の資格については，「児童福祉施設の職員を養成する学校その他の養成施設を卒業した者，保育士の資格を有する者，高等学校若しくは中等教育学校を卒業した者，同法大学への入学を認められた者若しくは通常の課程による12年の学校教育を修了した者又は文部科学大臣がこれと同等以上の資格を有すると認定した者であって，２年以上児童福祉事業に従事したもの，小学校，中学校，高等学校，中等教育学校又は幼稚園の教諭となる資格を有する者，その他，条件を指定して，児童厚生施設の設置者が適当と認めたもの」となっている。

３）関連分野の専門職の役割

児童福祉の関連分野としては，司法関係，教育関係，その他の分野の専門職，としてみることができる。

それぞれの機関は，家庭裁判所，少年鑑別所，警察，少年補導センター，教育委員会，学校などがあるが，ここでは，家庭裁判所におかれている家庭裁判所少年調査官について触れておきたい。

家庭裁判所調査官は，裁判所法に基づいて，家庭裁判所に配置されており，家庭裁判所における家事事件の審判，調停や少年事件の審判などに必要な調査，面接などを行っている。離婚，親権者の指定・変更等の紛争当事者や事件送致された少年及びその保護者を調査し，紛争の原因や少年が非行に至った動機，生育歴，生活環境等の調査を実施する。非行を犯した少年に対して，非行の動機，背景，少年の性格，家庭環境，学校や職場の状況，交友関係などを調査し，処遇意見を付けて裁判官に報告することが主な仕事である。少年や保護者との面接，少年鑑別所，保護観察所，児童相談所，学校等とも連携しながら，最適な処遇をするために必要な情報の収集等を行う。

(4) 社会福祉士及び介護福祉士と児童福祉専門職との関係

児童福祉の専門職と国家資格の社会福祉士・介護福祉士との関係については，現状では，行政機関の専門職の項でみたように，児童相談所長や児童福祉司の資格・任用要件として，「社会福祉士」が明記されているが，社会福祉領域の公務員の基礎資格としては，「社会福祉主事」が依然として残されている。

この資格は，子ども家庭福祉に特化したものではなく，社会福祉全般を対象とするものであり，将来的には，社会福祉士の資格を基礎資格として，児童家庭福祉に関する知識や技術を身につけた児童福祉専門職が期待される。

社会福祉士

社会福祉士は，1987（昭和62）年５月の第108回国会において制定された「社会福祉士及び介護福祉士法」で位置づけられた，社会福祉業務に携わる人の国家資格である。

社会福祉士の仕事は「社会福祉士及び介護福祉士法」には，社会福祉士とは「専門的知識及び技術をもって，身体上もしくは精神上の障害があること，または環境上の理由により日常生活を営むのに支障がある者の福祉に関する相談に応じ，助言，指導その他の援助を行うことを業とする者」とされている。

児童家庭福祉に関しては，児童福祉法関係施設（児童相談所，養護施設，知的障害児施設等）などにおける，相談・援助業務があげられる。

社会福祉士資格は，国家資格であるが医師や弁護士のように「業務独占」の資格でなく，「名称独占」の資格である。

4．児童相談所での相談支援事例

⑴ 虐　待

＜母親が通院に連れ歩き，不登校が続く小１男児へのネグレクト事例＞

●児童：小１男児（A男）

●主訴：祖父がA男の不登校を解決したいと児童相談所に来所。

母が自分の通院に毎日A男を連れ歩くため，不登校が続いている。祖父が注意をしても，母は聞く耳をもたず，最近は祖父の来宅も拒否している。

●家族の状況：母・A男の母子家庭（両親は離婚。現在，父とはまったく交流がない)。

生活保護受給（理由は母が統合失調症で通院治療中のためというもの)。母は子どもに対する依存心が強く，そばに置いておきたい一方で，「この子を殺して自分も死にたい」などの発言もみられ，精神的に不安定。

●援助の経過：児童福祉司が「A男の登校について話し合いたいので連絡をくれるように」と母へ電話や手紙にて連絡をとるが応答なし。家庭訪問も実施するが応答がない。祖父に母の生活状況について聞き取り調査するも，通院時間・帰宅時間までは特定できず。

学校の担任教師より「２学期半ばまでは通学していたが，風邪で学校を休み，その後，登校しなくなった。家庭訪問も実施するが応答がないため，対応に困っている」との情報を得る。

地区の民生児童委員・主任児童委員より，近隣と交流のない家庭との情報を得る。

児童相談所は母子分離の必要性があると判断し，A男の保護をどのように行うか検討した。警察署とも相談し，母子の外出時に保護した上で，居室内調査をすることとした。

期日を決め，関係機関および関係者の協力を得て，14～15名で早朝より張り込みをし，正午前にゴミ出しのために出てきた母子を保護，その後室内の調査も行った。

調査の結果，居室内は，家具・汚れた衣類・ゴミなどが散乱し，床がみえない状態。玄関先のわずかな空間にA男が食事をした形跡がみられた。

A男を児童相談所に一時保護。祖父から「自分には母の行動をコントロールできないので母を自宅へは引き取れない」との発言があり，母の処遇について保健所と相談。母は精神科夜間緊急外来にて受診。自傷・他害の恐れありとの診断で緊急入院となった。

児童相談所はA男の社会診断・心理診断・医学診断・行動診断を実施。各診断所見を踏まえた協議の結果，A男にとっては安定した生活の場の確保と学業の遅れを取り戻す支援が望ましいとの援助指針が出された。児童養護施設入所が適当と考えられたが，入院中の母の承諾が得られず，児童相談所は学校・祖父・福祉事務所と協議を重ね，児童福祉審議会の答申を得て，児童相談所長が，児童福祉法第28条に基づき，家庭裁判所に対して，施設入所承認のための家事審判請求を行った。数ヵ月で児童養護施設措置承認の決定があり，児童福祉法第27条第1項第3号による児童養護施設入所措置となる。

その後，母より面会・外泊・引き取りの要求がでるが，その都度，児童相談所・祖父・施設・学校・家庭裁判所間で協議して，制限の段階的緩和についての理解を母に求めてきた。

A男は，児童養護施設では安定した生活を送っている。区域の学校に通い，学業の遅れも徐々に取り戻している。

【解　説】

この事例は，身体的虐待は認められなかったものの，小学校低学年児の不登校状態および不衛生な家庭環境での生活という，どちらもできるだけ早く解消する必要がある問題をもっていた。虐待ケースには迅速な調査・対応を必要とすることが少なくなく，日頃からの関係者・機関との連絡・協力体制づくりが重要である。

一般的に，立ち入り調査は児童相談所が来たことを宣言したうえで実施されるが，この事例では，母の精神状態から，児童相談所や警察の介入に対し拒否反応を示すことが予測され，その際，A男に危害がおよぶ危険を避けるため，安全確保のために，住居外での保護を優先した。

上記の不適切な生活環境および不登校状態，母の他害を匂わす発言から，A男を守るための施設入所であるが，これまでの生活習慣の改善，おとなとの信頼関係の回復と合わせて，母から離れたA男の心の傷に対する治療的な援助を，施設において行うことが必要である。

この事例のように，児童相談所が児童の施設入所が適当と判断しても，親権者がそれに反対している場合には，児童相談所長は家庭裁判所に対して，施設入所承認のための，審判請求を行うこととなる。これによって，承認の決定が得られれば，施設入所措置は可能となる。

さらに，施設入所後の家庭引き取りに関する家族の希望に対しては，十分な調査を行い，引き取りが児童の最善の利益と考えられない場合には，「児童虐待の防止等に関する法律」（2007年改正）について十分に理解した上で，措置延長について家族に説明し，理解を得ることが大切である。

虐待を受けた児童のみならず，虐待をしてしまう親も含めて家族全体をどう支援していくか，という視点に立った援助が求められている。

⑵ 養護相談

＜育児のできない母より預けられた0歳女児＞

●児童：0歳女児（A子）

●主訴：市の健康課より，生後10日の女児を母が育てられないといっている，保健師とともに家庭訪問し状況把握してほしい，との連絡。

●家族の状況：A子と両親の3人家族，父はサービス業，夕方から朝方の勤務。母は専業主婦であるが，A子に母乳も与えられず，ミルクの準備をすることもできない。父が不在の夜は不安で眠ることができず，日中はボーッとして何も手に付かない状態。市の保健師が訪問して，ミルクの作り方を指導しているが，母の身につかず，Ａ子は体重が退院時より下がって危険な状態にある。

●援助の経過：母は育児に対する自信がなく，意欲も感じられなかった。そのため，父に対し施設入所についての説明をし，承諾書に署名・押印を得て，即日乳児院への入所措置をした。乳児院長に母への育児指導を依頼し了承を得た。母に乳児院へ通って育児指導を受けるように伝えたものの，週１日から２週に１回，やがて月１回から３ヵ月に１回と母の参加回数が減り，育児技術の習得は未完で中断してしまった。家庭引き取りの可能性はきわめて難しくなった。

養子縁組候補にあげる話は，父の面会が困難になるからとの理由による反対で実現しなかった。現実には，父母からの自主的な面会はなく，児童福祉司や乳児院長がＡ子への面会・一時外泊を父母へ何度も働きかけたが，まったく実行されなかった。

３歳を前に，Ａ子は児童養護施設に施設変更された。そこでも，面会の呼び掛け，働きかけが施設職員や担当児童福祉司から手紙や電話でなされたが，実現することはなかった。そこで親に代わり，里親希望者との交流を深めていくことになった。

里親希望者との面会を重ね，職員も一緒の外出から職員抜きの外出も可能となった。やがて，一時外泊へも笑顔で出かけ，施設に戻ってから外泊中の楽しかったことを職員に話してくれるまでになった。

里親希望者も，Ａ子をとても気に入り里親の申請をし，夫婦で研修を受け登録にまで至った。Ａ子を里子として養育したいとの申し出が施設を通じて担当児童福祉司に届いた。担当児童福祉司は早速里親希望者に会い，さらに，Ａ子の父と面談した。これまでの経過と現況を説明し，Ａ子が里親家庭で生活することの承諾を得た。

担当児童福祉司は早速Ａ子の診断を実施し，所内の会議で里親委託児童の決定を受け，具体的な手続きを進めた。

現在Ａ子は，里親家庭での生活も４年目となり，地域の小学校の２年生である。里親宅の家族みんなに愛され，時には厳しい注意を受けながらも十分に甘え，安定した生活を送っている。

保育園時代や小学校において里親はＡ子について周囲に理解を得るため，積極的に動いた。Ａ子のしつけにも体当たりで取り組んだ。児童相談所は，Ａ子の担当児童福祉司と里親担当職員が協力してＡ子および里親家庭の援助にあたり，関係機関との調整や里親家庭間の交流を支援するなどしている。

【解　説】

この事例の母は，自分の生育の過程で十分な愛着の関係を経験しないまま，Ａ子の親になってしまい，産後うつも加わってしまった状況と考えられる。父は母の状況の受入れができず，母に対し「普通に母親のように育児すること」を期待し続けていた。Ａ子の利益を優先する考えに立つことがなかなかできなかった。父母は，Ａ子が０歳の時に離婚。親権は父が得た。ここでようやく父は現実を踏まえ，Ａ子の養育家庭への措置に理解を示した。

Ａ子および里親家庭への援助は経過に記したとおりであるが，地域や家庭での暮らしを経験することは今後ますます追求されていかなければならない。さらにそのための支援体制の強化は児童相談所以外の関係機関にも拡げられていくことが期待される。

ここ数年児童相談所と各市区町村の協力で，里親家庭の体験発表会が開かれている。語られる内容で多いのは，真実告知（実の親子でないことを告げる）の時期や方法，実親との交流をめぐる問題や，保育園・幼稚園・学校・病院等における苗字の問題である。里親の姓を通称として認められたとの報告もいくつかあり，理解の広まりを感じるが，まだまだ里親の登録数は少なく（平成17度末現在，全国で7,737世帯うち児童を受託しているものは2,370世帯），そこで暮らす児童も平成15年２月１日現在で全国で2,454人である。

今後，ひとりでも多くの人に里親制度についての理解と協力が得られ，里親の登録数の増加とそこで暮らす児童の数が増えるよう，取り組みの強化が求められている。

参考文献

福祉士資格養成講座編集委員会編『新版 社会福祉士養成講座4　児童福祉論（第4版）』中央法規，2007年
千葉茂明編『エッセンシャル児童福祉論』みらい社，2007年
山縣文治編『よくわかる子ども家庭福祉（第4版）』ミネルヴァ書房，2006年
松原康雄・山縣文治編著『児童福祉論』ミネルヴァ書房，2007年
高橋重宏・才村純編著『子ども家庭福祉論』建帛社，2006年
新版・社会福祉学習双書編集員会編『児童福祉論』全社会福祉協議会，2006年
日本児童福祉協会「子ども・家族の相談援助をするために」（市町児童家庭相談援助指針・児童相談所運営指針）日本児童福祉協会，2005年
馬場茂樹・和田光一編著『現代社会福祉のすすめ』学文社，2007年
長谷川真人・堀場純矢編著『児童養護施設と子どもの生活問題』三学出版，2005年
ミネルヴァ書房編集部編『社会福祉小六法』ミネルヴァ書房，2007年
大島侑監修，遠藤和佳子・松宮満編著『児童福祉論』ミネルヴァ書房，2006年
菊池正治・細井勇・柿本誠編著『児童福祉論』ミネルヴァ書房，2007年
秋山智久『社会福祉専門職の研究』ミネルヴァ書房，2007年
宮田和明・加藤幸雄・牧野忠康・柿本誠・小椋喜一郎編『社会福祉専門職論』中央法規，2007年

◆読者のための参考図書◆

日本児童福祉協会『子ども・家族の相談援助をするために』2005年

児童相談に関する機関としての市町村の児童家庭相談と児童相談所に関して詳細に，述べられており，児童相談所を理解するには適切なものである。

長谷川真人編著『子どもの権利シリーズ3　児童養護施設における自立支援の検証』三学出版，2007年

大学のゼミで学生が児童養護施設に関して調べた結果がまとめられており，読みやすくまとめられている。

竹中哲夫『現代児童相談所論』三和書房，2000年

児童相談所に関して，その歴史や現状・課題について整理しており，参考になる。

◇演習課題

① 新聞やテレビ等で報道される児童福祉に関する問題について，どのような制度や対応のための機関があるか考えてみよう。

② 自分の住んでいる地域での児童福祉援助活動について，都道府県の児童相談所の業務概要などを参考に，調べてみよう。

③ 自分の関心のある児童福祉の機関や施設の援助職について，具体的にどんな活動をしているのか調べてみよう。

❀考えてみよう

① 児童家庭支援センターが法制化された背景を分析してみよう。

② 児童相談所運営指針や市町村の児童家庭相談のガイドライン「市町村児童家庭相談援助指針」を調べてみよう。

第５章　児童家庭福祉の課題

児童家庭福祉の基礎は次代をになう子どもが心身ともに育成され，子どもの生活の基礎をつくることである。すなわち健全育成である。

現代社会においては，少子化，共働き家庭の一般化，核家族による子育て機能の低下など，家庭や地域をとりまく環境の変化をふまえ，エンゼルプラン等の施策を中心として，子どもを生み育てようとする者が生み育てやすいようにするための環境整備に力点をおいて，さまざまな対策が実施されてきたがまだ不十分さがみうけられる。これらの施策を確認するとともに，児童家庭福祉の課題について述べる。

キーワード　**要保護児童対策地域協議会，非行児童の立ち直り支援，少子化，子育て支援，ワーク・ライフ・バランス**

１．子どもを健やかに育てる環境づくり

現在の日本が抱える児童家庭福祉における重要課題に，子育て支援がある。

子育て支援の必要性が指摘されるようになったのは，1989年の合計特殊出生率の「1.57ショック」以降のことである。15歳から49歳までの女性の年齢別出生率を合計した数値で，１人の女性が生涯にわたって出産する子どもの数の平均値である合計特殊出生率は，第２次ベビーブームといわれる1973年の2.14をピークに減少を続け，1989年には，それまでの最低であった1966年の「ひのえうま」のとしの1.58を下回る1.57となり，「1.57ショック」といわれるようになった。

このように夫婦から生まれる子どもの数の減少は，少子化の進行を表しているが，同時に未婚化，晩婚化といった婚姻動向も少子化の原因とされている。

2005年の総務省「国勢調査」によると，25歳から39歳の未婚率は，男性では，25歳から29歳で71.4%，30歳から34歳で47.1%，35歳から39歳30.0%，女性で

は，25歳から29歳で59.0％，30歳から34歳で32.0％，35歳から39歳で18.4％となっている。30年前の1975年には，30代では男女ともに約９割が結婚していたことを考えると，未婚化が進行していることがわかるであろう。また，生涯未婚率もこの30年で大きく上昇しており，男性では，1975年には2.1％であったのが2005年には15.4％となり，女性では4.3％であったのが6.8％となっている。

日本は「できちゃった結婚」という言葉があらわすように，結婚をしてから子どもを産むことが当り前であると考える傾向にある。実際，厚生労働省「人口動態統計」によると，日本で2006年に生まれた子どものうち，法律上の婚姻した夫婦間に出生した嫡出子は98％であるのに対し，嫡出でないわゆる婚外子の割合は２％であった。このように，子どもは結婚してから生まれることが大半である日本では，未婚率の増加は出生数の減少に直接影響を与えることになる。

一方，日本人の平均初婚年齢は，厚生労働省「人口動態統計」によると，2006年で夫が30.0歳，妻が28.2歳であった。1975年には，夫27.0歳，妻24.7歳であったことを考えると，約30年の間に夫は3.0歳，妻は3.5歳上昇しており，また2005年と比べても，夫，妻ともに0.2％上昇していることから晩婚化が進行していることがわかる。

また，晩婚化の進行に伴い，初産の母親の平均年齢も上昇傾向にある。厚生労働省「人口動態統計」より1975年と2006年とを比較すると，第１子出産時の年齢が3.2歳（1975年：25.7歳，2006年：29.2歳），第２子が2.5歳（1975年：28.0歳，2006年：31.2歳）遅くなっている。高齢になるほど出産に伴うリスクも高まることから，出産を控える傾向もあり，晩婚化・晩産化は少子化の原因となる。

「1.57ショック」を踏まえ，日本では，1994年の「今後の子育て支援のための施策の基本的方向について」（エンゼルプラン）や，その後の「重点的に推進すべき少子化対策の具体的実施計画について」（新エンゼルプラン），「小子化社会対策大綱」「次世代育成支援対策法」「子ども・子育て応援プラン」とさまざまな施策が行われてきた。しかしながら，合計特殊出生率の低迷はその後も続き，2004年にはついに1.29にまで落ち込んだ。2006年度には1.32と前年より0.06ポイント増加しているが，長期的に人口を維持できる水準は2.07であるとされ，少子化がますます進むことが予想されている。

⑴　未婚化，晩婚化，出生数減少の要因

厚生労働省・社会保障審議会「人口構造の変化に関する特別部会」における「出生等に対する希望を反映した人口試算の公表に当たっての人口構造の変化に関する議論の整理」（2007年１月，以下，「特別部会の議論の整理」という）では，少子化の原因と考えられる未婚化や晩婚化，夫婦から生まれる子どもの数の減少に与えている要因について，結婚，第１子出産，第２子出産といったライフステージごとに整理をしている（図表５－１）。

結婚に影響を及ぼす要素についてみると，収入が低く雇用が不安定な男性ほど未婚率が高く，また非正規雇用の女性や育児休暇が利用できない職場の女性，保育所待機児童が多い地域の女性など，出産後の継続就業の見通しが不安定な女性ほど未婚率が高いことから，家族生活を送っていく上で必要な経済的基盤や雇用・キャリアの将来の見通し・安定性が影響を及ぼしているとしている。

第１子出産に影響を及ぼす要素は，育児休暇の利用が可能な者ほど出産確立が高く，また長時間労働をしている家庭の男性ほど出産確立が低いことから，子育てしながら就業継続できる見通しや仕事と家庭生活の調和の確保の度合いが影響を及ぼしているとしている。

さらに，第２子の出生に影響を及ぼす要素は，男性の家事・育児分担度が高いほど女性の出産意欲が高くなるとともに，女性の継続就業割合も高くなることや，育児不安の程度が高い女性ほど出産意欲が低いことから，夫婦間の家事・育児の度合いや育児不安の度合いが影響を及ぼしているとしている。

これらの分析からは，安心して結婚，出産をするためには，経済的基盤の確立や継続就業環境整備などの雇用環境への対応と，特に父親の家事・育児時間

図表5-1　結婚や出産に影響を及ぼしていると考えられる要素について

《結婚》←経済的基盤，雇用・キャリアの将来の見通し・安定性

○経済的基盤
• 収入が低く雇用が不安定な男性
→未婚率　高
○出産後の継続就業の見通し
• 非正規雇用の女性
• 育休が利用できない職場の女性
• 保育所待機児童が多い地域の女性
→未婚率　高

（調査・研究結果）
• 男性では，年収が高いほど有配偶率が高い。
• 男性では，正社員に比べて非典型雇用の場合，有配偶率が低い。
• 男性未婚者では，正規雇用者に比べてパート・アルバイトの結婚意欲が低い。
• 男女雇用機会均等法施行以降に就職した世代の女性では，最初に勤務した勤務先での雇用形態が正規雇用と非正規雇用者の場合で比較すると，非正規雇用の未婚割合が高い。また，利用可能な育児休業制度の有無で比較すると，利用可能な育児休業制度がなかった層で未婚割合が高い。
• 1歳児入園待機者の多い自治体ほど女性の結婚確率が低い。

《出産（第1子～）》←子育てしながら就業継続できる見通し，仕事と家庭の調和

○出産後の継続就業の見通し
• 育休利用可能　→出産確率　高
○仕事と家庭生活との調和
• 長時間労働　→出産確率　低
※働き方＋家事・育児の分担＋保育所利用
→相互に組み合わされることで　継続就業効果　高

（調査・研究結果）
• 育児休業が利用可能，取得しやすい雰囲気の職場の女性の方が，育児休業が利用できない職場の女性より出産する割合が高い。
• 雇用機会均等法施行以降に就職した世代で，育児休業が利用可能な職場に勤めていた女性は，それ以前に就職した人とほぼ同程度に出産を経験している。
• 勤務先に育児休業制度がある場合，少なくとも子どもを一人産む確率がその他の場合より高く，無職の女性より出産確率が高くなる。
• 男性が長時間労働していた家庭では，労働時間の増えた家庭よりも減った家庭の方が子どもが生まれた割合が高い。
• 女性の勤務が長時間労働の場合は，第1子を産むタイミングが遅れ，出産確率も低下する。

《出産（特に第2子～）》←夫婦間の家事・育児の分担

○男性の家事・育児分担
• 男性の分担度が高い
→女性の出産意欲　高
女性の継続就業割合　高
※夫の労働時間が長い
→家事・育児分担　少

（調査・研究結果）
• 子どものいる世帯で，妻から見て夫が家事・育児を分担していないと回答した世帯では，分担していると回答した世帯に比べ，妻の子どもを持つ意欲が弱まる。
• 夫の育児遂行率が高い夫婦の方が，追加予定子ども数が多い。

《出産（特に第2子～）》←育児不安

○育児不安
• 育児不安の程度が高い→出産意欲　減
※家庭内・地域からのサポート
• 配偶者の育児分担への満足度が高い
• 保育所・幼稚園からのサポートが高い
→育児不安　低

（調査・研究結果）
• 子どもが1人いる母親の場合，育児不安の程度が高まると，追加予定子ども数が減少する。（子どもが2人の場合もおおむね同様の傾向）

《出産（特に第3子～）》←教育費の負担感

○教育費の負担間
→3人目以降から割合が高い
※後に生まれた世代ほど負担感が高い
• 1970年代生まれ以降
→1人目・2人目でも負担感が高い

（調査・研究結果）
• 予定子ども数以上の子どもを持たない理由として教育費負担感をあげる者の割合を予定子ども数別に見ると，予定子ども数を2人とする者のところからその割合が高まる。
（1970年代以降の生まれでは，予定子ども数が0人・1人とする者についても割合が高くなっている。）

出所）内閣府『平成19年度版　少子社会白書』2007年，34ページ
注）社会保障審議会人口構造の変化に関する特別部会の審議に当たり，各種調査・研究結果から示唆される要素を可能な限り整理したもの。

の増加や保育環境の整備，育児不安の解消といった子育て環境を改善するための対策が必要であるといえよう。

(2) 育児不安

さて，「特別部会の議論の整理」では，出生数減少の要因として育児不安があげられていた。育児不安とは，大日向雅美（2002）によると「子どもの成長発達の状態に悩みを持ったり自分自身の子育てについて迷いを感じたりして，結果的に子育てに適切に関われないほどに不安を抱いている状態」と定義される。

では，なぜ親は育児について悩むのであろうか。ここにも社会的な背景が考えられる。

現代の日本社会は，少子化の影響から兄弟姉妹がいない家庭や，周りに子どもがいない環境で育つことが珍しくない状況にある。こういった環境では，生育の過程で子どもと接する機会が少なく，自分の子どもが初めて触る赤ちゃんであるという母親も多い。こういった母親は，子育てに関して，経験に基づいた知識が少なく，雑誌やテレビで流れる，スマートな子育てをしている女性タレントや，笑顔でかわいいだけの子どもの映像から子育てに関するイメージを形成する。しかし，そのイメージと現実の子育てとの間には大きなギャップがあり，「こんなはずではなかった」という思いにかられる。さらに，一般的な子どもの成長がわからないことから，不安に陥ることがある。

また，以前の日本であれば，同居する親や近所に住む子育て経験者から子育てに関する知識や，子育ての支援を提供してもらうことが可能であった。しかし，現代社会では，核家族化が進み，地縁（近隣関係）も希薄化しているため，そういったことが難しい状況にある。したがって，育児に関する知識を得るために親は，育児雑誌や育児書，テレビ，インターネット等に頼らざるを得ず，こういったマスメディアから多くの情報を収集する。しかし，氾濫する情報の中から，どの情報が正しく，どれを選択すべきなのか，自分に適した情報の選択に混乱を来してしまうことがある。さらに住宅環境の問題もあり，集合住宅の場合には特に，「密室の育児」になりやすく，育児をする母親が孤立し，不安が深刻化していく。

このように，育児不安は，少子化，核家族化，情報化社会，集合住宅といった現代社会の特徴がその要因であると考えることができ，必要なときに必要な情報が得られる相談体制や，育児をする母親が孤立しないための子育て支援策が求められる。

(3) 子育て環境対策としての施策

これまで述べてきたように，少子化を改善するためには，子育て環境の整備が必要不可欠である。このことから，1990年の「1.57ショック」以降，日本では，仕事と子育ての両立支援などのさまざまな子育て環境対策としての施策が図られてきた。図表５－２は，少子化対策の経緯をあらわしたものである。ここでは，これまでの子育て環境対策について概観する。

日本で最初の少子化対策の取り組みは，エンゼルプラン（1994年）である。エンゼルプランでは，今後10年間で取り組むべき基本的方向と重点施策について定められた。また，エンゼルプランと同時に策定された「緊急保育対策等５か年事業」は，エンゼルプランを実施するために策定されたもので，保育ニーズの多様化に対応した保育対策の促進が図られた。具体的には，低年齢児（０～２歳児）保育や延長保育，一時保育，放課後児童クラブ等の充実を図るために，1999年度を目標年次として，1995年度から保育環境の整備が進められた。

その後1999年12月に，「少子化対策推進基本方針」が決定され，この方針に基づく具体的実施計画としての新エンゼルプラン（1999年）が策定された。新エンゼルプランは，エンゼルプランと緊急保育対策５か年事業を見直し策定された2000年度から2004年度までの計画であり，その内容は，保育サービスのみならず，雇用，母子保健・相談，教育等の事業も加えた幅広いものとなった。

2003年７月，議員立法により，少子化対策基本法が制定され，同年９月から

図表５－２　日本における少子化対策の経緯

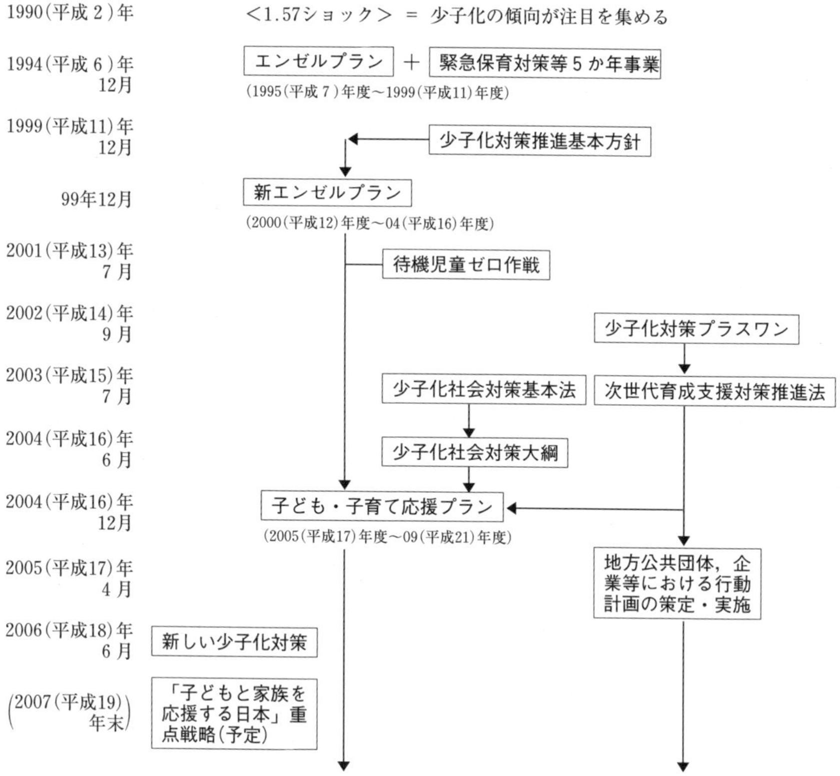
1990（平成２）年
＜1.57ショック＞ ＝ 少子化の傾向が注目を集める
1994（平成６）年 12月
エンゼルプラン
＋
緊急保育対策等５か年事業
（1995（平成７）年度～1999（平成11）年度）
1999（平成11）年 12月
少子化対策推進基本方針
99年12月
新エンゼルプラン
（2000（平成12）年度～04（平成16）年度）
2001（平成13）年 7月
待機児童ゼロ作戦
2002（平成14）年 9月
少子化対策プラスワン
2003（平成15）年 7月
少子化社会対策基本法
次世代育成支援対策推進法
2004（平成16）年 6月
少子化社会対策大綱
2004（平成16）年 12月
子ども・子育て応援プラン
（2005（平成17）年度～09（平成21）年度）
2005（平成17）年 4月
地方公共団体，企業等における行動計画の策定・実施
2006（平成18）年 6月
新しい少子化対策
（2007（平成19）年末）
「子どもと家族を応援する日本」重点戦略（予定）

出所）内閣府『平成19年度版　少子社会白書』2007年，25ページ

施行された。この法律に基づき，内閣府に，少子化社会対策会議が設置された。また，少子化に対処するための基本指針を策定するとともに，毎年，『少子社会白書』を作成し，国会に提出することとされた。

2004年６月，少子化に対処するための基本指針として，「少子化社会対策大綱」が閣議決定された。大綱では，「３つの視点」「４つの重点課題」「重点課題に取り組むための28の行動」が提示された（図表５－３）。

さらに大綱に盛り込まれた施策について，その効果的な推進を図るため，2004年12月に，「少子化社会対策大綱に基づく重点施策の具体的実施計画につ

図表5－3　少子化社会対策大綱の3つの視点と4つの重点課題

3つの視点

Ⅰ　自立への希望と力
Ⅱ　不安と障壁の除去
Ⅲ　子育ての新たな支え合いと連携―家族のきずなと地域のきずな―

⇩

4つの重点課題

Ⅰ　若者の自立とたくましい子どもの育ち
Ⅱ　仕事と家庭の両立支援と働き方の見直し
Ⅲ　生命の大切さ，家庭の役割等についての理解
Ⅳ　子育ての新たな支え合いと連帯

重点課題に取り組むための28の行動

〔若者の自立とたくましい子どもの育ち〕

(1)　若者の就労支援に取り組む
(2)　奨学金の充実を図る
(3)　体験を通じ豊かな人間性を育成する
(4)　子どもの学びを支援する

〔仕事と家庭の両立支援と働き方の見直し〕

(5)　企業等におけるもう一段の取組を推進する
(6)　育児休業制度等についての取組を推進する
(7)　男性の子育て参加促進のための父親プログラム等を普及する
(8)　労働時間の短縮等仕事と生活の調和のとれた働き方の実現に向けた環境整備を図る
(9)　妊婦・出産しても安心して働き続けられる職場環境の整備を進める
(10)　再就職等を促進する

〔生命の大切さ，家庭の役割等についての理解〕

(11)　乳幼児とふれあう機会の充実等を図る
(12)　生命の大切さ，家庭の役割等についての理解を進める
(13)　安心して子どもを生み，育てることができる社会の形成についての理解を進める

〔子育ての新たな支え合いと連帯〕

(14)　就学前の児童の教育・保育を充実する
(15)　放課後対策を充実する
(16)　地域における子育て支援の拠点等の整備及び機能の充実を図る
(17)　家庭教育の支援に取り組む
(18)　地域住民の力の活用，民間団体の支援，世代間交流を促進する
(19)　児童虐待防止対策を推進する
(20)　特に支援を必要とする家庭の子育て支援を推進する
(21)　行政サービスの一元化を推進する
(22)　小児医療体制を充実する
(23)　子どもの健康を支援する
(24)　妊娠・出産の支援体制，周産期医療体制を充実する
(25)　不妊治療への支援等に取り組む
(26)　良質な住宅・居住環境の確保を図る
(27)　子育てバリアフリーなどを推進する
(28)　児童手当の充実を図り，税制の在り方の検討を深める

出所）内閣府『平成19年度版　少子社会白書』2007年，27ページ

いて」（子ども・子育て応援プラン）が策定された。これは，新エンゼルプランの改定という位置づけのものであり，少子化対策大綱の掲げる４つの重点課題に沿い，国が地方自治体や企業とともに計画的に取り組む必要がある事項について2005年度からの５か年について計画したものである（図表５－４）。

エンゼルプランおよび新エンゼルプランでは，保育サービスを中心に計画的な整備が進められ，2001年度からは「待機児童ゼロ作戦」の推進も加わり，当初の計画目標はほぼ達成されたが，少子化の進展には歯止めがかからなかった。このことから，子ども・子育て応援プランでは，このような従来の施策の課題も踏まえつつ，少子化社会対策大綱の掲げる重点課題に沿って，2011年度までに講ずる具体的な施策を掲げている。さらに，これまでのプランのような保育関係事業だけでなく，若者の自立や働き方の見直し等も含めた幅広い分野において，具体的な目標値を設定し，「子どもが健康に育つ社会」「子どもを生み，育てることに喜びを感じることのできる社会」への転換がどのように進んでいるのかがわかるよう，おおむね10年後を展望した「目指すべき社会の姿」を提示し，その実現を目指すものとしている。

また，同プランに掲げる各施策の目標値のうち子育て支援サービス事業については，次世代育成支援対策推進法に基づき各市町村で策定を進めていた地域行動計画を調査し，その集計値をもとに設定された。地方公共団体の計画とリンクさせた形でプランを策定したのは今回が初めてであり，これによって子ども・子育て応援プランは，少子化社会対策大綱の具体的実施計画であると同時に，次世代育成支援対策推進法に基づく全国の地方公共団体の行動計画の実現に向けた取り組みを国として支援する位置づけをもつこととした。

このように少子化の流れを変えるべくさまざまな施策が行われてきたが，少子化に歯止めをかけることにはつながっておらず，2005年には，1899年に人口動態統計を取り始めて以来，初めて総人口が減少に転じ，出生数，合計特殊出生率ともに過去最低を記録した（出生数：106万人，合計特殊出生率1.26)。このことから，2006年６月20日に少子化社会対策会議において「新しい少子化対

図表５-４　「子ども・子育て応援プラン」の概要

【４つの重点課題】	【平成21年度までの５年間に講ずる施策と目標（例）】	【目指すべき社会の姿〔概ね10年後を展望〕（例）】
若者の自立とたくましい子どもの育ち	○若年者試用（トライアル）雇用の積極的活用（常用雇用移行率80％を平成18年度までに達成） ○日本学生支援機構奨学金事業の充実（基準を満たす希望者全員の貸与に向け努力） ○学校における体験活動の充実（全国の小・中・高等学校において一定期間のまとまった体験活動の実施）	○若者が意欲を持って就業し経済的にも自立［フリーター約200万人，若年失業者・無業者約100万人それぞれについて低下を示すような状況を目指す］ ○教育を受ける意欲と能力のある者が経済的理由で修学を断念することのないようにする ○各種体験活動機会が充実し，多くの子どもが様々な体験を持つことができる
仕事と家庭の両立支援と働き方の見直し	○企業の行動計画の策定・実施の支援と好事例の普及（次世代法認定企業数を計画策定企業の20％以上，ファミリーフレンドリー表彰企業数を累計700企業） ○個々人の生活等に配慮した労働時間の設定改善に向けた労使の自主的取組の推進，長時間にわたる時間外労働の是正（長時間にわたる時間外労働を行っている者を１割以上減少）	○希望する者すべてが安心して育児休業等を取得 ［育児休業取得率男性10％，女性80％，小学校就学始期までの勤務時間短縮等の措置の普及率25％］ ○男性も家庭でしっかりと子どもに向き合う時間が持てる［育児期の男性の育児等の時間が他の先進国並みに］ ○働き方を見直し，多様な人材の効果的な育成活用により，労働生産性が上昇し，育児期にある男女の長時間労働が是正
生命の大切さ，家庭の役割等についての理解	○保育所，児童館，保健センター等において中・高校生が乳幼児とふれあう機会を提供（すべての施設で受入を推進） ○全国の中・高等学校において，子育て理解教育を推進	○多くの若者が子育てに肯定的な（「子どもはかわいい」，「子育てで自分も成長」）イメージを持てる
子育ての新たな支え合いと連帯	○地域の子育て支援の拠点づくり（つどいの広場事業，地域子育て支援センター合わせて全国6,000か所での実施） ○待機児童ゼロ作戦のさらなる展開（待機児童の多い市町村を中心に保育所受入児童数を215万人に拡大） ○児童虐待防止ネットワークの設置（全市町村） ○小児救急医療体制の推進（小児救急医療圏404地区をすべてカバー） ○子育てバリアフリーの推進（建築物，公共交通機関及び公共施設等の段差解消，バリアフリーマップの作成）	○全国どこでも歩いていける場所で気兼ねなく親子で集まって相談や交流ができる（子育て拠点施設がすべての中学校区に１か所以上ある） ○全国どこでも保育サービスが利用できる［待機児童が50人以上いる市町村をなくす］ ○児童虐待で子どもが命を落とすことがない社会をつくる［児童虐待死の撲滅を目指す］ ○全国どこでも子どもが病気の際に適切に対応できるようになる ○妊産婦や乳幼児連れの人が安心して外出できる［不安なく外出できると感じる人の割合の増加］

出所）内閣府『平成19年度版　少子社会白書』2007年，28ページ

策について」が決定された。ここでは，「社会全体の意識改革」と「子どもと家族を大切にするという視点に立った施策の拡充」を２本柱とし，前者については、生命を次代に伝え育んでいくことや家族の大切さを理解し，子どもを守り育てることが社会の責任であるという意識改革の重要性を強調している。

後者の子育て支援策については，① 子育て家庭を社会全体で支援すること，② 親が働いているいないにかかわらず，すべての子育て家庭を支援すること，③ 出産前後や子どもが乳幼児期にある子育て家庭を重点的に支援すること，等を基本的な考え方としている。こうした視点は，これまでの少子化対策の中では明確にはあらわれていなかったものである。

具体的には，① 妊娠・出産から高校・大学生になるまで子どもの成長に応じつつ総合的に子育て支援策，② 働き方の改革，③ 長期的な視点に立った社会の意識改革のための国民運動の展開を柱とし，40の施策を展開することとしている（図表５－５）。

さらに，また，2007年２月に発足された「子どもと家族を応援する日本」重点戦略検討会議が発足し，「働き方の見直しによる仕事と生活の調和（ワーク・ライフ・バランス）の実現」と「包括的な次世代育成支援の制度的枠組みの構築」について重点的に検討が行われ，同年12月に「子どもと家族を応援する日本」重点戦略がとりまとめられた。

⑷　今後の課題

前節では，子どもを健やかに育てる環境を整えるべく実施されてきたこれまでの施策について概観した。これまで実施されてきた施策は，結果として，少子化をとめることはできていない。しかしながら，すべての対策に効果がないわけではない。

「少子化対策に関する政策評価－新エンゼルプランを対象として」（総務省・2004年）には，新エンゼルプランに掲げられている施策のうち，21の施策を対象に，利用状況と、利用により子どもをもちたいと思えるようになったもの

図表5－5　新しい少子化対策の概要

○2006年６月20日，少子化対策に関する政府・与党協議会において合意
○同日，少子化社会対策会議（会長：総理，全閣僚で構成）で決定
○「骨太方針2006」に盛り込み，強力に推進

急速な少子化の進行と人口の減少
（2005年は総人口が減少に転ずるとともに，出生数及び合計特殊出生率はいずれも過去最低を記録。）

経済産業や社会保障の問題にとどまらず，国や社会の存立基盤に関わる問題
出生率の低下傾向を反転させる
社会意識を問い直し，家族の重要性の再認識，若い世代の不安感の原因に総合的に対応するため
少子化対策の抜本的な拡充，強化，転換を図る

(1)　社会全体の意識改革
- 子どもの誕生を祝福し，子どもを慈しみ，守り育てることは，社会の基本的な責任
- 国，地方公共団体，企業，地域社会等が連携の下で社会全体の意識改革に取り組む

(2)　子どもと家族を大切にするという視点にたった施策の拡充
①子育ては第一義的には家族の責任であるが，子育て家庭を，国，地方公共団体，企業，地域等，社会全体で支援
②すべての子育て家庭を支援するため地域における子育て支援策を強化（特に在宅育児，放課後対策）
③仕事と子育ての両立支援の推進や，子どもと過ごす時間を確保できるよう男性を含めた働き方の改革
④親の経済力が低く，仕事や家庭生活の面でも課題が多い出産前後や乳幼児期において，経済的負担の軽減を含めた総合的な対策の推進
⑤就学期における子ども安全対策，出産・子育て期の医療ニーズに対応できる体制の強化，特別な支援を要する子ども及びその家族への支援の拡充

新しい少子化対策の推進

(1)　子育て支援策

Ⅰ　新生児・乳幼児期（妊娠・出産から乳幼児期まで）
①出産育児一時金の支払い手続の改善
②妊娠中の健診費用軽減
③不妊治療の公的助成の拡大
④妊娠初期の休暇などの徹底・充実
⑤産科医等の確保等産科医療システムの充実
⑥児童手当制度における乳幼児加算の創設
⑦子育て初期家庭に対する家庭訪問を組み入れた子育て支援ネットワークの構築

Ⅱ　未就学期（小学校入学前まで）
①全家庭を対象とする地域における子育て支援拠点の拡充
②待機児童ゼロ作戦の更なる推進
③病児・病後児保育，障害児保育等の拡充
④小児医療システムの充実
⑤行動計画の公表等次世代育成支援対策推進法の改正の検討
⑥育児休業や短時間勤務の充実・普及
⑦事業所内託児施設を含め従業員への育児サービスの提供の促進
⑧子どもの事故防止策の推進
⑨就学前教育についての保護者負担の軽減策の充実

Ⅲ　小学生期
①全小学校区における「放課後子どもプラン」の推進
②スクールバスの導入等，学校や登下校時の安全対策

Ⅳ　中学生・高校生・大学生期
①奨学金の充実等
②学生ベビーシッター等の推奨

(2)　働き方の改革
①若者の就労支援
②パートタイム労働者の均衡処遇の推進
③女性の継続就労・再就職支援
④企業の子育て支援の取組の推進
⑤長時間労働の是正等の働き方の見直し
⑥働き方の見直しを含む官民一体子育て支援推進運動

(3)　その他の重要な施策
①子育てを支援する税制等を検討
②里親・養子縁組制度の促進と広報・啓発
③地域の退職者，高齢者等の人材活用による世代間交流の推進
④児童虐待防止対策及び要保護児童対策の強化
⑤母子家庭等の総合的な自立支援対策の推進
⑥食育の推進
⑦家族用住宅，三世代同居・近居の支援
⑧結婚相談等に関する認証制度の創設

国民運動の推進

(1)　家族・地域のきずなを再生する国民運動
①「家族の日」や「家族の週間」の制定
②家族・地域のきずなに関する国，地方公共団体による工事の開催
③働き方の見直しについての労使の意識改革を促す国民運動

(2)　社会全体で子どもや生命を大切にする運動
①マタニティーマークの広報・普及
②有害な情報の流通への注意と子どもに有用な情報提供
③生命や家族の大切さについての理解の促進

出所）内閣府『平成19年度版　少子社会白書』2007年，30ページ

（出産・育児インセンティブの付与の状況）について調査をした結果が掲載されている（図表5－6）。これによると，利用状況が高く，利用して「子どもを持ちたいと思えるようになった」者が多いものは，「保育所での延長保育や休日保育」（利用率：21.2%，インセンティブの付与：63.8%、以下、同順とする）、「低年齢児（0～2歳児）の保育所での受け入れ」（24.9%，63.8%）、「幼稚園に就園しやすくなるための入園料・保育料の軽減（幼稚園就園奨励費補助）」（21.0%，59.3%）であった。

また，利用したものは少ないが，「子どもを持ちたいと思えるようになった」者が多いものは，「親が病気で育児疲れのときに預けることができる一時保育」（4.0%，53.8%），「子育て期間中の勤務時間の短縮」（8.0%，52.8%），「幼稚園での子育て支援や子育てサークルの支援」（7.6%，51.5%），「病気やけがの子どもを看護するための休暇制度」（5.7%，51.0%）となっている。

この結果からもわかるように，エンゼルプラン，新エンゼルプランで重点的に実施してきた保育関連施策については，待機児童の問題はあるものの，一定程度の効果があったと考えられるだろう。

このことを踏まえたうえで，今後重要となる課題を考えてみると，働き方の改革が必要だといえよう。

しばしば女性の高学歴化に伴い，社会参加が増加しているといわれる。しかしながら，実際には出産を機に離職するものの割合は7割近くにまで上るという現実がある。このことは，仕事と子育て・家庭生活との両立が難しい職場環境の問題があるといえる。また，仕事を辞め，子育てに専念したとしても，夫は仕事に追われ，子育ての大半を母親が担う場合が多く，子を産む女性のみならず，男性をも含めた働き方の改革が指摘されている。

「子どもと家族を応援する日本」重点戦略会議では，「子どもと家族を応援する日本」重点戦略と同時に，「ワーク・ライフ・バランス憲章」と「仕事と生活の調和推進のための行動指針」を策定した。「ワーク・ライフ・バランス憲章」とは，仕事と生活の調和の必要性と仕事と，生活の調和が実現した場合の

図表5－6　新エンゼルプランにおいて利用等した施策，利用等した者のうち出産・育児インセンティブが付与された施策

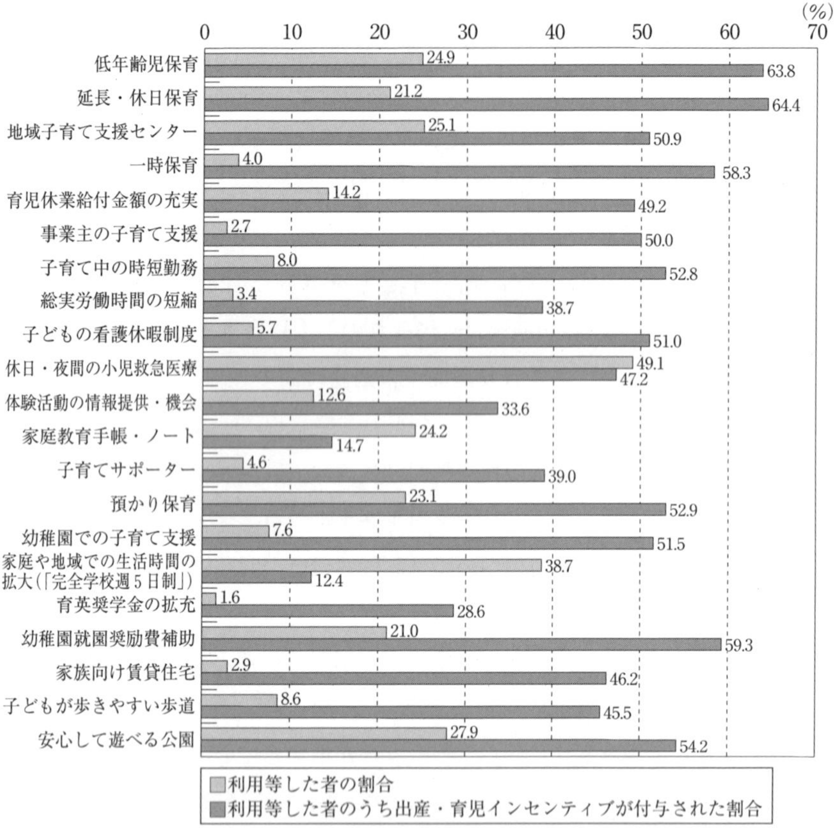
(%)
0
10
20
30
40
50
60
70
低年齢児保育
24.9
63.8
延長・休日保育
21.2
64.4
地域子育て支援センター
25.1
50.9
一時保育
4.0
58.3
育児休業給付金額の充実
14.2
49.2
事業主の子育て支援
2.7
50.0
子育て中の時短勤務
8.0
52.8
総実労働時間の短縮
3.4
38.7
子どもの看護休暇制度
5.7
51.0
休日・夜間の小児救急医療
49.1
47.2
体験活動の情報提供・機会
12.6
33.6
家庭教育手帳・ノート
24.2
14.7
子育てサポーター
4.6
39.0
預かり保育
23.1
52.9
幼稚園での子育て支援
7.6
51.5
家庭や地域での生活時間の拡大(「完全学校週5日制」)
38.7
12.4
育英奨学金の拡充
1.6
28.6
幼稚園就園奨励費補助
21.0
59.3
家族向け賃貸住宅
2.9
46.2
子どもが歩きやすい歩道
8.6
45.5
安心して遊べる公園
27.9
54.2
利用等した者の割合
利用等した者のうち出産・育児インセンティブが付与された割合

出所）総務省『少子化対策に関する政策評価－新エンゼルプランを対象として－』2004年，22ページ

社会の姿とその実現に向けた関係者が果たすべき役割を示したものである。また，「仕事と生活の調和推進のための行動指針」は，企業や労働者，国民の効果的取組，国や地方公共団体の施策の方針を示したものである。これらに沿って，企業と労働者の協働による企業の実情に合った自主的な取組を基本としつつ，それに対する国および地方公共団体による積極的な支援と，多様な働き方に対応した子育て支援や介護などのための社会的基盤づくりを積極的に行うと

している。

「ワーク・ライフ・バランス憲章」に示された「国民一人ひとりがやりがいや充実感を感じながら働き，仕事上の責任を果たすとともに，家庭や地域生活などにおいても，子育て期，中高年期といった人生の各段階に応じて多様な生き方が選択・実現できる社会」の実現へ向けて，具体的にどのような取り組みを行っていくかが，児童家庭福祉における大きな課題といえるであろう。

ワーク・ライフ・バランス憲章

少子高齢化が急速に進む中で，企業には従業員の仕事と子育ての両立を支援する取り組みが求められている。2005年4月には次世代育成支援対策推進法が施行され，事業主は従業員の両立支援策など次世代育成支援のための行動計画を策定することとされた。憲章には，仕事と生活の調和の実現に向けた「明日への投資」であることが明示されている。国際的には，労働者の仕事と生活のバランス（ワーク・ライフ・バランス）という考え方への関心が高まってきている。

2．健全育成対策

(1) 児童福祉と健全育成

児童福祉法の第1条では，「すべて国民は，児童が心身ともに健やかに生まれ，且つ，育成されるよう努めなければならない」として，子どもを育成する国民の責務について規定し，また，「すべて児童は，ひとしくその生活を保障され，愛護されなければならない」ことを明記している。第2条では，「国及び地方公共団体は，児童の保護者とともに，児童を心身ともに健やかに育成する責任を負う」ことを規定し，子どもの健全育成について公的な責任があることを明確化している。

また，第3条において，「前2条に規定するところは，児童の福祉を保障するための原理であり，この原理は，すべて児童に関する法令の施行にあたって，常に尊重されなければならない」と規定されていることを踏まえ，たとえば，2003年に施行された次世代育成支援対策基本法では，法律の目的は，「次代の社会を担う子どもが健やかに生まれ，かつ，育成される社会の形成に資すること」と規定し，同じく2003年に施行された少子化社会対策基本法では，「子どもがひとしく心身ともに健やかに育つことができるよう配慮しなければならない」ことを施策の基本理念の一つとするなど，子どもの健全育成に対する社会全体の責任を明らかにしている。

児童憲章の総則では，「児童は，人として尊ばれる」「児童は，社会の一員として重んぜられる」「児童は，よい環境のなかで育てられる」と宣言され，さらに衣食住，教育，労働，生育環境など，子どもを取り巻くさまざまな生活上の問題について，適切な配慮をすべきことが12条からなる条文で規定されている。

一方，同憲章第10条では，「すべての児童は，虐待，酷使，放任その他不当な取扱からまもられる。あやまちをおかした児童は，適切に保護指導される」と規定されているが，実態は憲章の理念に反し，児童虐待は増加の一途をたどっており，また，少年非行対策など，子どもをめぐるさまざまな問題への対応が大きな社会的課題となっている。

2003年に策定された青少年育成施策大綱では，青少年の健全な育成は社会全体の責任であり，すべての組織及び個人がそれぞれの役割及び責任を果たしつつ，相互に協力しながら取り組むことが必要であることを基本理念の一つとしている。子どもの健全な育成のための環境整備は，児童福祉の基本的な課題の一つである。なお，政府の青少年育成推進本部では，児童を取り巻く環境の変化に対応するため，青少年育成施策大綱を見直し，2008年中に新大綱を策定することとしている。

子どもの健全育成やそのための地域環境の整備に関する施策としては，児童厚生施設（児童館，児童遊園など），放課後児童健全育成事業（放課後児童クラブ），児童委員・主任児童委員の活動，つどいの広場，児童手当など多岐にわたっている。児童福祉の諸施策のなかでは，健全育成施策は児童の援助・支援に直接的にかかわる領域ではなく，広く一般家庭の児童を対象として，生活環境の整備，児童とその家庭に対する相談援助等を行う領域として位置づけられる。

他方，児童虐待などの問題に対する各種施策の展開とともに，児童館や児童委員・主任児童委員の役割の重要性が一層高まるなど，健全育成施策が児童の福祉と権利の確保のために機能する役割が重要視されつつある。

健全育成施策は，乳児院，児童養護施設，児童自立支援施設などの各施設への入所措置や，里親への委託措置など，家庭に代わって児童を養育する社会的養護や家庭的養護のシステムと密接不可分の関係にある。本節では，健全育成の施策とその領域を幅広くとらえ，児童虐待，非行などの問題についての具体的な対策や取り組みと，こうした問題に関わる地域の活動，関係者の役割などについて述べることとする（本書第1章の図表1-13参照）。

(2)　地域における健全育成対策

1）児童厚生施設

児童厚生施設は，児童福祉施設の一種であって，児童館，児童遊園など児童に健全な遊び場を与えて，その健康を増進し情操を豊かにすることを目的とする施設である。児童厚生施設には，屋内での活動を主とする児童館と屋外での活動を主とする児童遊園がある。児童館は，「児童の遊びを指導する者」（児童厚生員）が置かれ，その施設の所在する地域社会との連携を密にし，児童福祉のための地域組織活動の拠点としての機能をもっている。児童館によっては，幼児の集団指導や放課後児童健全育成事業（放課後児童クラブ）を行っている。

非行の背景の一つとして，遊びや集団での活動を通じ，自己信頼感や友人との連帯感を育む「居場所」がなくなりつつあることが指摘されているが，児童館は従来からそのための重要な役割を果たしてきた。また，家庭が適切な養育環境ではなく，虐待に進行する場合がある。児童館の職員から児童相談所等の関係機関にそうした相談や，時には通告があるなど，地域のなかで児童の健全育成の拠点としての役割が一層期待されるところである。

2）放課後児童健全育成事業（放課後児童クラブ）

放課後児童健全育成事業（放課後児童クラブ）は，保護者が仕事などにより昼間家庭にいない小学校低学年（おおむね10歳未満）の児童に対し，授業の終了後に児童厚生施設などを利用して適切な遊びや生活の場を与えて，その健全な育成を図るものである。

共働き家庭の増加と核家族化の進行により，いわゆる「カギッ子」が増加したことから，学校外における児童の教育の受け皿としての需要が高まり，放課後児童健全育成事業は第2種社会福祉事業として位置づけられた。「学童クラブ」などと呼称されることが多い。

3）児童手当制度

児童手当制度は，児童を養育している者に児童手当を支給し，家庭の生活安定と次代の社会を担う児童の健全育成，資質の向上を図ることを目的としている。小学生までの児童が支給対象で，保護者の所得要件がある。

2007年4月より，3歳未満の児童については出生順位に関わらず，第1子及び第2子ともに一律月額10,000円に増額された。

4）こんにちは赤ちゃん事業

生後4ヵ月までの乳児がいるすべての家庭を訪問して，不安や悩みを聞き，子育て支援に関する情報提供，母子の心身の状況や養育環境等の把握と助言を行い，適切なサービス提供につなぐ事業である。

乳児のいる家庭と地域社会をつなぐ最初の機会とすることにより，乳児家庭の孤立化を防ぎ，乳児の健全な育成環境の確保を図ることを目的としている。2007年度から開始した。

5）食育の推進

子どもの食をめぐっては，摂取する栄養の偏り，欠食，肥満の増加など，問題が深刻化しており，健康に対する影響が懸念される。また，家族そろって食事をする機会が減少するなど，食を通じた子どもの健全育成のあり方が問題となっている。

そうしたなか，食育基本法が2005年に施行された。その前文では，すべての国民が心身の健康を確保し，生涯にわたって生き生きと暮らすことができるようにすることが大切であり，食育はあらゆる世代の国民に必要なものであると述べている。さらに，子どもたちが健全な心と身体を培い，豊かな人間性をはぐくみ，生きる力を身に付けていくためには，何よりも「食」が重要であること，子どもたちに対する食育は，心身の成長及び人格の形成に大きな影響を及ぼし，生涯にわたって健全な心と身体を培い豊かな人間性をはぐくんでいく基礎となるものであるとして，「食」が非常に重要であることが繰り返し述べられている。

食育の推進に関する国，地方公共団体などの責務を規定しているほか，たとえば第11条では，教育，社会福祉，医療等の関係者について，食に関するその役割の重要性から，あらゆる機会と場所を利用して，積極的に食育を推進するよう努めることなどの責務があることが規定されている。

食べることは生きるための基本であり，子どもの健やかな心と身体の成長発達に欠かせないものである。子どもが健康で心身ともに質の高い生活を送る基本的な力をはぐくむとともに，それを支援する環境づくりを進めることが，食を通じた子どもの健全育成の目標である。

(3) 市町村と都道府県（児童相談所）の役割分担

従来，児童相談所は，あらゆる児童相談について対応してきたが，児童虐待相談件数の急増などにより，緊急かつ，より高度な専門的対応が求められる一方で，育児不安等を背景に，身近な子育ての相談なども増加している。こうした幅広い相談すべてを児童相談所のみが受け止めることは必ずしも効率的ではなく，市町村をはじめ多様な機関によるきめ細かな対応が求められていることから，2004年に児童福祉法が改正された。

改正法では，児童相談に応じることを市町村の業務として法律上明確にし，住民に身近な市町村において，母子保健のサービスや子育て支援のサービスなどをはじめ，虐待の未然防止・早期発見を中心に積極的な取り組みを行うこととした。また，都道府県（児童相談所）は，専門的な知識及び技術を必要とする事例への対応や市町村の後方支援に重点化するなどの措置を講じ，児童相談に関わる主体を増やすとともに，その役割を明確化することにより，全体として地域における児童相談体制の充実を図ることを主眼としたものである。

(4) 要保護児童対策地域協議会

虐待を受けている子どもをはじめとする保護を必要とする子ども（要保護児童）の早期発見や適切な保護を図るためには，関係機関が子ども・保護者などに関する情報や考え方を共有し，適切な連携の下で対応していくことが重要である。

このような多数の関係機関の円滑な連携・協力を確保するためには，運営の中核となって関係機関相互の連携や役割分担の調整を行う機関の明確化や，関係機関における情報共有の関係の明確化が必要である。

このため，2004年の児童福祉法改正で，保護を必要とする子どもなどに関し，関係者間で情報の交換と支援の協議を行う機関として，要保護児童対策地域協議会（以下，地域協議会とする）を法的に位置づけるとともに，その運営の中核となる調整機関を置くことや，協議会の構成員に守秘義務を課すこととした。地域協議会が適切に運営されることにより，要保護児童などの早期発見と迅速な支援，各関係機関などの連携に基づく情報の共有化と適切な役割分担が図れることになる。

なお，2004年の改正では，この協議会について，地方公共団体は「置くことができる」と規定していたが，2007年の改正で「置くよう努めなければならない」として，各地方公共団体に努力義務を課し，その設置を一層促すこととなった。今後，こうした協議会を活用するなどし，地域で子どもを見守り育て，そのための対策が多くの関係者によって検討されることが期待される。

1）地域協議会の対象児童

地域協議会の対象児童は，児童福祉法第6条の3に規定する「要保護児童（保護者のない児童又は保護者に監護させることが不適当であると認められる児童)」であり，虐待を受けた子どもに限らず，非行児童なども含まれる。

2）地域協議会の構成員

地域協議会の構成員は児童福祉法第25条の2第1項に規定する「関係機関，関係団体及び児童の福祉に関連する職務に従事する者その他の関係者」である。以下の関係機関がネットワークを構成するメンバーとして想定される。

市町村の児童福祉・母子保健などの関係部局，児童相談所，福祉事務所，保育所，児童養護施設などの児童福祉施設，児童家庭支援センター，児童館，民生・児童委員，主任児童委員，社会福祉協議会，医師，歯科医師，弁護士，人権擁護委員，警察署，幼稚園，小・中学校，保健所，保健センター，病院など

3）守秘義務

構成員及び構成員であった者には，地域協議会の職務に関し知り得た秘密を漏らしてはならない義務がある。

地域協議会における要保護児童などに関する情報の共有は，要保護児童の適切な保護を図るためのものであり，地域協議会の構成員及び構成員であった者は，正当な理由がなく，地域協議会の職務に関して知り得た秘密を漏らしてはならない（児童福祉法第25条の5）。

4）地域協議会の運営

地域協議会は，要保護児童などに関する情報その他要保護児童の適切な保護を図るために必要な情報の交換を行うとともに，要保護児童などに対する支援の内容に関する協議を行う（児童福祉法第25条の2第2項）こととされている。

地域協議会の構成員の代表者による代表者会議，実際に活動する実務担当者から構成される実務者会議，個別の要保護児童について，その児童に直接関わりをもっている担当者や今後関わりをもつ可能性がある関係機関の担当者などにより，具体的な支援の内容などを検討するために適宜開催される個別ケース

図表5－7　要保護児童対策地域協議会について（子どもを守る地域ネットワーク）

果たすべき機能

要保護児童の早期発見や適切な保護を図るためには，
・関係機関が当該児童等に関する情報や考え方を共有し，
・適切な連携の下で対応していくことが重要
であり，市町村（場合によっては都道府県）が，要保護児童対策地域協議会を設置し，
① 関係機関相互の連携や役割分担の調整を行う機関を明確にするなどの責任体制を明確化するとともに，
② 個人情報保護の要請と関係機関における情報共有の在り方を明確化することが必要

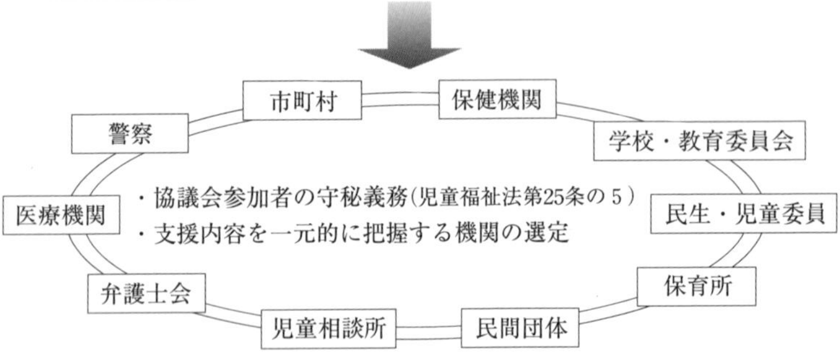
市町村
保健機関
警察
学校・教育委員会
医療機関
・協議会参加者の守秘義務（児童福祉法第25条の５）
・支援内容を一元的に把握する機関の選定
民生・児童委員
弁護士会
保育所
児童相談所
民間団体

出所）厚生労働省資料

検討会議の三層構造で運営されることが多い（図表5－7）。

(5) 健全育成対策における関係機関

少子化や核家族化に伴う育児不安や子育ての孤立化，児童虐待，非行，いじめや不登校など，子どもや家庭をめぐる問題は一層，複雑化，深刻化している。こうした問題はさまざまな要因が複雑に関係して発生するため，その対応，解決には地域における関係機関などの連携が不可欠である。健全育成対策における主な関係機関の概要を紹介する。

１）児童相談所

児童相談所は，児童福祉の理念を実現し，子どもの基本的権利を具体的に保障することを目的として設置される行政機関である。児童相談所では，養護相談（虐待を含む），非行相談，障害相談，育成相談などの相談に応じ，児童福祉司や児童心理司などによる心理学的，医学的，社会学的診断などを行う。近年，児童虐待の相談が急増し，その対応が大きな課題となっている（2007年４月１日現在，全国に195ヵ所）。

２）福祉事務所

社会福祉行政の第一線の機関として，都道府県の設置する福祉事務所は，生活保護法，児童福祉法，母子及び寡婦福祉法に定める援助，指導等に関する事務を行い，市町村の設置する福祉事務所は，これに加えて，老人福祉法，身体障害者福祉法，知的障害者福祉法に定める援助，指導等に関する事務を行う（2007年４月１日現在，全国に1,245ヵ所）。

なお，福祉事務所には，家庭と子どもの福祉に関する相談や，指導業務の充実を図るため，全国約980ヵ所に家庭児童相談室が設置されている。

３）保 健 所

児童福祉に関する業務としては，① 児童及び妊産婦の保健について，正しい衛生知識の普及を図ること，② 児童及び妊産婦の健康相談に応じ，又は健康診査を行い，必要に応じて保健指導を行うことなどがある。精神疾患のある保護者や，子ども自身が精神疾患を持っている場合の通院，保護などで，児童相談所などと連携して対応する（2007年４月１日現在，全国に518ヵ所）。

４）児童委員

児童福祉法により，市町村の区域におかれている地域のボランティアで，民生委員法による民生委員が兼ねることとなっている。日頃から地域の児童，母子家庭，妊産婦等の生活状況などを適切に把握し，相談に応じ，利用できる制度やサービスを助言するなど，問題の解決に努めている（2004年12月現在，全国に約23万人）。

図表 5 - 8　民生委員（児童委員）の相談指導件数

2005（平成17）年度

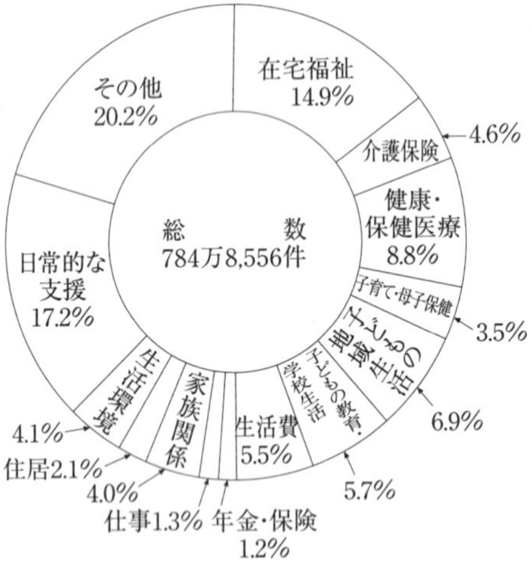
総　数
784万8,556件
在宅福祉
14.9%
介護保険
4.6%
健康・
保健医療
8.8%
子育て・母子保健
3.5%
子どもの
地域生活
6.9%
子どもの教育・
学校生活
5.7%
生活費
5.5%
年金・保険
1.2%
仕事1.3%
家族関係
4.0%
住居2.1%
生活環境
4.1%
日常的な
支援
17.2%
その他
20.2%

出所）　厚生労働省「社会福祉行政業務報告」

5）主任児童委員

児童委員のなかから選任され，児童福祉に関する事項を専門的に担当する。原則として区域は担当せず，関係する機関や団体と連絡調整を行い，区域担当の児童委員と一体となった活動を行っている（2004年12月現在，全国に約 2 万1,000人）（図表 5 - 8，図表 5 - 9）。

6）その他

2004年の児童福祉法改正で，市町村が児童相談に応じることが明確化され，児童家庭支援センターや家庭児童相談室などのほか，各自治体で児童相談の中心的な役割を担う機関が整備されつつある。

(6)　非行防止対策

1）立ち直りへの支援

もともと，健全育成対策は少年非行対策であった。時代の変遷とともに社会

図表5-9　民生委員（児童委員）の相談指導以外の活動件数

2005（平成17）年度

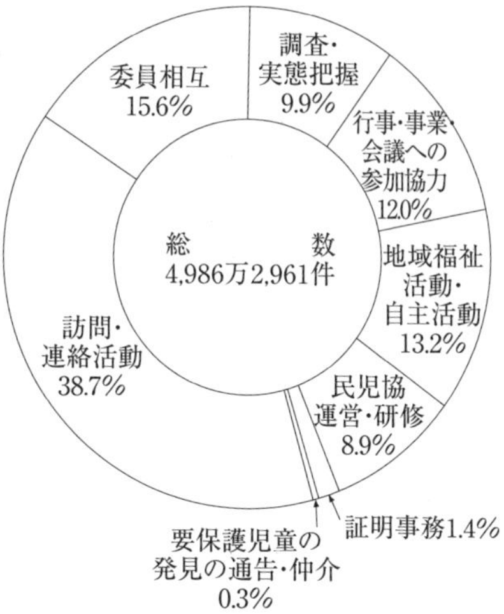

委員相互
15.6%
調査・
実態把握
9.9%
行事・事業・
会議への
参加協力
12.0%
総　数
4,986万2,961件
地域福祉
活動・
自主活動
13.2%
訪問・
連絡活動
38.7%
民児協
運営・研修
8.9%
証明事務1.4%
要保護児童の
発見の通告・仲介
0.3%

出所）　厚生労働省「社会福祉行政業務報告」

の状況も変わり，その時代の子どもや家庭の状況の変化に応じて，健全育成対策の対象範囲も広がってきた。こうしたなか，『平成17年版犯罪白書』（2005年）は少年非行を特集し，このなかで非行少年を地域で受け入れることの重要性に触れ，自立を支えるのは大人たちの役割であり，また，責任であると提起している。以下はその概要である。

自分の都合や願望ばかりを子どもに押し付けようとする保護者，少年を利用し，犯罪に引き込もうとする大人が存在することも社会の現実である。非行少年の多くが学業の不振やいじめに遭うなどして学校生活から早期にドロップアウトし，学校にも地域社会にも所属意識をもてないでいることの問題は大きい。このように，少年非行が家庭，学校，地域社会等のあり方の問題の反映であることを，まず大人自身が直視し，反省しなければならない。少年たちは，いずれは，家庭や地域社会に戻り，自らの努力で非行から立ち直り，自立していかなければならない。過去の非行を反省し，地域社会の中に新しい居場所を見いだして立ち直ろうとする少年を地域社会の中に積極的に受け入れていく必要がある。そして，少年に対して，地域の人々とともに生きていこうとする意欲をもたせ，それを持続させていくことは，大人たちの重要な役割であり，責任でもある。そのために，関係諸機関・団体が有機的に連携し，地域社会と協働して総合的な非行対策を推進する必要がある（図表5-10）。

2）東京都自立サポート事業

児童自立支援施設は，不良行為をなし，又はなすおそれのある児童及び家庭環境その他の環境上の理由により生活指導等を要する児童を入所させ，又は保護者の下から通わせて，個々の児童の状況に応じて必要な指導を行い，その自立を支援し，あわせて退所した者について相談その他の援助を行うことを目的とする施設とされている（児童福祉法第44条）。

児童自立支援施設を退所した児童の多くは，地域，家庭に戻るが，東京都では，そうした児童の自立を児童相談所，民生・児童委員，主任児童委員がチームを組み，地域で支援していく自立サポート事業を2005年度から開始した。以下，その概要を紹介する。

○事業の概要

「東京都児童自立サポート事業」は，児童福祉施設の一つである児童自立支援施設を退所して，地域で自立に向けた第一歩を踏み出す児童とその家庭を，児童相談所と民生・児童委員，主任児童委員がチームを組んで協力しながら，見守り支える事業である。

児童の自立に向けて，① 進路の継続，② 親子関係と生活の安定，③ 再非行の防止などを目指し，支援を行う。

期間は，施設退所の半年前から退所の半年後までの約1年間で，保護者と児童の同意を得てからスタートする。

○事業の対象児童（次のすべての条件を満たした児童が対象となる）

- 原則として，中学校卒業などにより，年度末に施設を退所する予定の児童
- 退所後は都内の自宅に戻り，保護者と同居する予定の児童

図表5-10　家庭裁判所における調査・審判から社会復帰まで

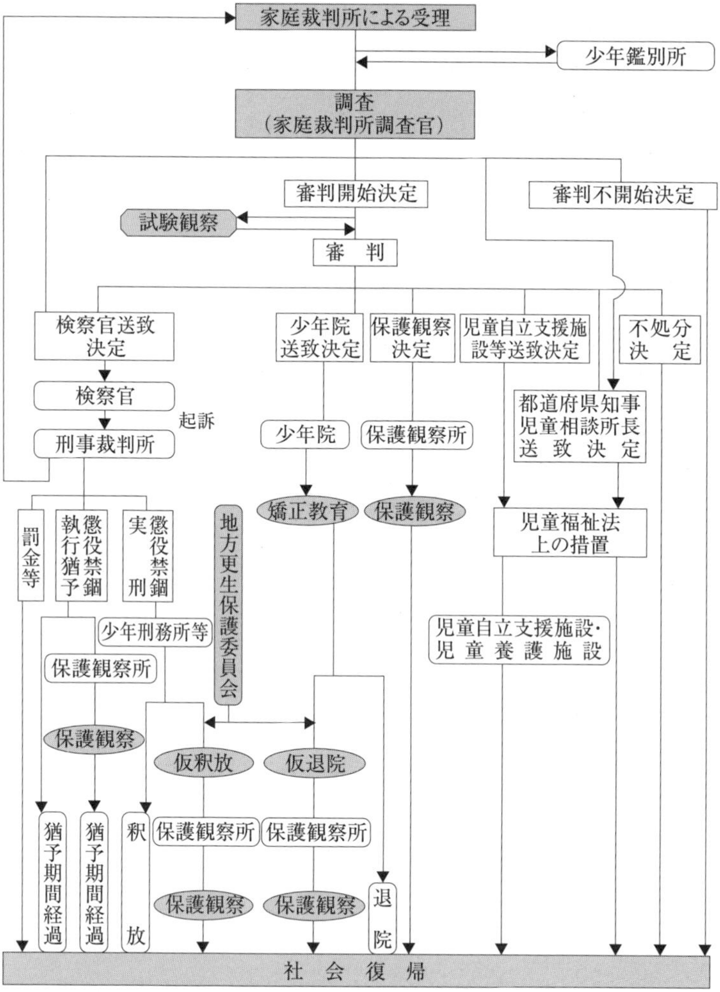
家庭裁判所による受理
少年鑑別所
調査
（家庭裁判所調査官）
審判開始決定
審判不開始決定
試験観察
審　判
検察官送致
決定
少年院
送致決定
保護観察
決定
児童自立支援施
設等送致決定
不処分
決　定
検察官
起訴
刑事裁判所
都道府県知事
児童相談所長
送　致　決　定
少年院
保護観察所
矯正教育
保護観察
児童福祉法
上の措置
罰金等
懲役禁錮
執行猶予
懲役禁錮
実刑
地方更生保護委員会
少年刑務所等
保護観察所
児童自立支援施設・
児　童　養　護　施　設
保護観察
仮釈放
仮退院
猶予期間経過
猶予期間経過
釈放
保護観察所
保護観察所
保護観察
保護観察
退院
社　会　復　帰

出所）内閣府『青少年白書（平成19年版）』224ページ

• 児童相談所長が適当と判断し，保護者から事業実施の同意が得られた児童

○支援チーム（次のメンバーが支援チームを組み，児童の自立を支援する）

• 退所予定児童を担当している児童福祉司

図表 5 -11　支援のイメージ

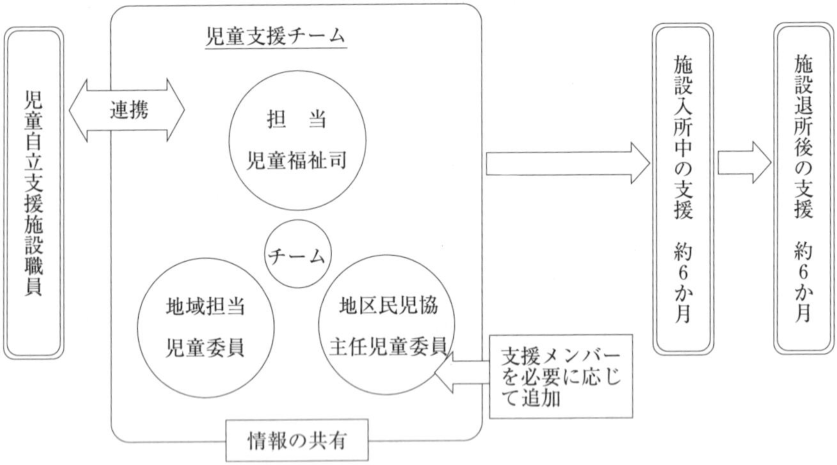
児童自立支援施設職員
連携
児童支援チーム
担　当
児童福祉司
チーム
地域担当
児童委員
地区民児協
主任児童委員
支援メンバーを必要に応じて追加
情報の共有
施設入所中の支援　約6か月
施設退所後の支援　約6か月

出所）東京都資料

・原則として，退所予定児童の自宅所在地の地区民生児童委員協議会の主任児童委員

・原則として，退所予定児童の自宅所在区域を管轄する民生・児童委員

※必要に応じて支援メンバーが追加になる場合がある。

○児童への主な支援内容（原則として児童福祉司指導と児童委員指導の措置を行う）

・施設入所中の面接・施設退所後の家庭訪問・地域でのあいさつや声かけ等

参考文献

鈴木崇之「子育て・子育ち・親育ち支援の意義と活動」喜多祐荘・小林理編『よくわかるファミリーソーシャルワーク』ミネルヴァ書房，2005年

大日向雅美「子育て支援の現場から」『現代のエスプリ』No.485，2007年12月号

大日向雅美「育児不安とは何か—発達心理学の立場から」『こころの科学』No.103，2002年 5 月号

長坂典子「育児不安の実際—家庭という“密室”での育児」『こころの科学』No.103，2002年 5 月号

児童手当制度研究会監修『児童健全育成ハンドブック（平成19年度版）』中央法規，2007年
社会福祉の動向編集委員会編集『社会福祉の動向2007』中央法規，2007年
法務省法務総合研究所編『犯罪白書（平成17年版）』2005年
内閣府『青少年白書（平成19年版）』2007年
厚生労働省編『厚生労働白書（平成19年版）』2007年
厚生統計協会『国民の福祉の動向（2007年）』2007年

資料

内閣府（2007）『平成19年版 少子化社会白書』(http://www8.cao.go.jp/shoushi/whitepaper/w-2007/19pdfhonpen/1 9honpen.html)
ワーク・ライフ・バランス推進官民トップ会議（2007）『「仕事と生活の調和（ワーク・ライフ・バランス）憲章」及び「仕事と生活の調和推進のための行動指針』，(http://www8.cao.go.jp/shoushi/w-l-b/k __2/pdf/s1.pdf)
「子どもと家族を応援する日本」重点戦略会議（2007）『〈子どもと家族を応援する日本〉重点戦略会議』(http://www8.cao.go.jp/shoushi/kaigi/ouen/pdf/st-1.pdf)
総務省（2004）『少子化対策に関する政策評価－新エンゼルプランを対象として－』．(http://www.soumu.go.jp/hyouka/angelplan.html)．
厚生労働省・社会保障審議会「人口構造の変化に関する特別部会」(2007)『出生等に対する希望を反映した人口試算の公表に当たっての人口構造の変化に関する議論の整理』(http://www-bm.mhlw.go.jp/shingi/2007/01/s0126-4.html)

◆読者のための参考図書◆

村尾泰弘・廣井亮一編『よくわかる司法福祉』ミネルヴァ書房，2004年

『よくわかる子ども家庭福祉』の姉妹編である。非行問題を理解するための基本的な事柄がわかりやすくまとめられている。

川崎二三彦『児童虐待』岩波新書，2006年

児童虐待対応の最前線である児童相談所の実情を踏まえた論考である。

庄司洋子・松原康雄・山縣文治編集『家族・児童福祉(改訂版)』有斐閣，2004年

子ども・家族を取り巻く諸課題，サービスの体系，援助の技術と方法などについてきめ細かく論じている。

高橋重宏監修『日本の子ども家庭福祉』明石書店，2007年

児童福祉法制定60年の歩みを振り返り，子どもと家庭を取り巻く今後の課題を多角的に提起する。

『子ども・家族の相談援助をするために』日本児童福祉協会，2005年

子どもや家族への相談援助を行う職員，児童福祉を学ぶ学生などが相談援助活動の基本を理解するのに格好である。

上野加代子・小木曽宏・鈴木崇之・野村知二編著『児童虐待時代の福祉臨床学』明石書店，2005年

児童相談所，児童養護施設，家庭裁判所など，現場から子ども家庭福祉を考える。

児童自立支援対策研究会編『子ども・家族の自立を支援するために』日本児童福祉協会，2005年

施設職員や児童福祉を学ぶ学生などが，子どもの自立支援や健全育成について考える参考となる。

明川哲也『ぼく，あいにきたよ』文藝春秋，2005年

「しつけなんてきらいだ。それよりもおかあさんにだっこしてもらいたい。」虐待を受け，「ひかりのつぶ」になった子どもの物語を絵本にした。

◇演習課題

① 健全育成対策における市町村と関係機関の役割について述べなさい。

② 非行児童への支援における地域の関わりの重要性について述べなさい。

③ 子どもたちが，安全に安心して育つことのできる子育ての環境を阻害する要因をまとめなさい。

※考えてみよう

① 子育ての孤立化，児童虐待など，親と子どもをめぐるさまざまな問題について，参考図書を読んで理解を深めよう。

② 非行と虐待との相関関係が指摘されています。その背景について考えてみよう。

あとがき

わが国の児童福祉の流れは，孤児，障害児や非行少年など特定の子どもを保護する戦前の施策から，すべての子どもの健全育成をはかる戦後の施策へと変化した。しかし，今日，子どもと家庭（家族）をとりまく状況は決して安定したものではない。産業化，都市化，核家族化，少子化，近隣関係の希薄化，情報化などの社会変化によって，多くの家庭（家族）が，育児ノイローゼ，失業，DV 被害や離婚，児童虐待などさまざまな多様で深刻な問題が生じてきている。

また，核家族化に伴う家族における養育機能の低下や少子化，離婚の増加，地域における地縁関係の希薄化など子どもと家庭をとりまく環境は大きく変化してきている。

このような状況のなかで，これからの児童家庭福祉は，すべての子どもと家庭（家族）に対する，より強力な支援施策の展開が求められている。言いかえれば，少子化に抗して，安心して子どもを産み，育てる（育つ）ことができる環境の整備である。

この取り組みは，1994年「今後の子育ての支援のための施策の基本的方向について（エンゼルプラン）」とこれにともなう「緊急保育対策等5ヵ年事業」，1999年「重点的に推進的すべき少子化対策の具体的実施計画について（新エンゼルプラン）」，2002年「少子化対策プラスワン―少子化対策の一層の充実に関する提案」の策定を経て，2003年「少子化社会対策基本法」，「次世代育成支援対策推進法」の策定，および「児童福祉法」改正による子育て支援事業の法定化，2004年「少子化社会対策大綱に基づく重点施策の具体的実施計画について（子ども・子育て応援プラン）」の策定という一連の流れとなって示されている。

すなわち，1989年合計特殊出生率が1.57を示し，社会維持への危機感が高まった際，国は子育て支援を社会全体で取り組むべき課題であるとして，保育サービスの充実を中心として，子育てに適した安価で広い住宅の整備，奨学金の充実などを盛り込んだ，10年にわたる総合的な子育て支援の行政計画「エンゼルプラン」を策定した。そして，低年齢児保育，病児保育の充実などを図る「緊急保育対策等６か年事業」にみられるような，保育サービスの充実に重点をおいた子育て支援から，男性の育児休業取得推進とそのために事業主の取るべき計画的対応までも視野に入れた「次世代育成支援対策推進法」の制定に至るまで，仕事と子育ての両立支援を図っている。と同時に，2003年の児童福祉法の改正にみられるように，わが国における急速な少子化の進行等を踏まえ，すべての子育て家庭における児童養育を支援するため，市町村における子育て支援事業の実施，市町村保育計画の作成等に関する規定を整備するなどの措置を講ずることにより，地域における子育て支援の強化を図るなど，共働き家庭（家族）への支援のみならず，すべての家庭（家族）に対して「訪問」の形態をも取り入れた子育て支援施策が，市町村を中心として実施されつつある。これらの子育て支援策が少子化を食い止めることができるか否かは，国，地方自治体の，子どもや家族の安定に関わろうとする積極的な姿勢にかかっている。

とくに，地方分権化による自治体間の格差を生み出すことのないよう，国や地方自治体のありかたを見定めていく必要があるだろう。

また，児童虐待に対する対応については，虐待は子どもに対する重大な権利侵害であり，その防止に向けて，社会全体で取り組むべき課題であるとの認識にたって，2000年に「児童虐待の防止等に関する法律」などさまざまな取り組みが進められてきた。児童虐待を予防し，発見から再発防止，さらには社会的自立に至るまでの総合的な支援の手を親子に対して用意することが必要である。

これまでの児童福祉の取り組みは，児童相談所や児童養護施設などを中心として取り組まれてきた養育困難家庭や虐待を受けた子どもの保護，自立支援などのいわゆる「要保護児童対策」，市町村を実施主体として取り組まれてきた仕事と子育ての両立を支援する保育対策を中心に取り組まれてきた。

しかし，近年，核家族化や地域近隣関係の希薄化などを背景に，家庭における親の育児負担感や育児不安の増大などが生じており，次世代育成支援という観点から，すべての子育て家庭を対象とした子育て支援の取り組みが求められるようになってきた。すなわち，「健全育成」，子どもが健やかに生まれ育つための環境整備を推進することにある。

今後の児童家庭福祉の課題としてあげられるのは，社会的養護の充実である。児童虐待や親の病気，離婚などによって，自分を生み育ててくれる家族（出生家族＝定位家族）のなかで生活することが困難な子どもに対して安心して生活できる場を提供することも考えられなければならない。そのための児童養護施設や里親，児童自立生活援助事業などにおけるマンパワーの確保，そのための財源確保が望まれる。

男性の働き方の見直しや子育ては楽しいと思える希望を持てる教育の充実など，社会全体で子育てを支援していくという意識，文化を醸成していくことも必要である。

これからの児童家庭福祉においては，子どもを，単に生産力，社会保障費を担う存在としてとらえるのではなく，一人ひとりの子どもの存在を尊重し，子どもとおとなが育ち合っていくことが安定した社会を創り出すという考え方が必要である。この考え方を根底において，国，地方自治体は，子どもと家庭（家族）双方に対して，物心両面からの支援を展開すべきであろう。

その取り組みを推進するにあたっては，常に，「子どもの最善の利益」への配慮を基本理念として支援をしていくことが必要である。

2008年4月

編　者

編者紹介

馬場　茂樹（ばば　しげき）

1948年生　東洋大学大学院修了社会学修士

現在，つくば国際大学産業社会学部社会福祉学科教授

著書『児童福祉』（共著）　蒼丘書林　1991年

『精選社会福祉法規の解説』（共著）　建帛社　1992年

『初めて学ぶ現代社会福祉』（編著）　学文社　2002年

『社会福祉士国家試験一問一答』（編著）　ミネルヴァ書房　2005年

『現代社会福祉のすすめ』（編著）　学文社　2006年

『臨床に必要な社会福祉』（共著）　弘文堂　2006年

和田　光一（わだ　こういち）

1950年生　駒沢大学大学院修了文学修士

現在，創価大学文学部人間学科教授

著書『分権改革と地域福祉社会の形成』（共著）　ぎょうせい　2000年

『子どもの育成と社会』（編著）　八千代出版　2002年

『はじめて学ぶ現代社会福祉』（共著）　学文社2002年

『福祉機器給付ハンドブック』東京都高齢者研究・福祉振興財団　2005年

『社会福祉士国家試験一問一答』（編著）　ミネルヴァ書房　2005年

『生活支援のための福祉用具・住宅改修』　ミネルヴァ書房　2007年

シリーズ福祉のすすめ 2　現代児童家庭福祉のすすめ

2008年４月30日　第一版第一刷発行
2011年１月31日　第一版第二刷発行

編著者――馬場茂樹
　　　　　和田光一

発行者――田中千津子

発行所――㈱学文社

〒153-0064　東京都目黒区下目黒３－６－１
電話（03）3715-1501㈹　振替 00130-9-98842
http://www.gakubunsha.com

落丁・乱丁本は，本社にてお取り替えします。　印刷／東光整版印刷㈱
定価は売上カード・カバーに表示してあります。　〈検印省略〉

ISBN 978-4-7620-1850-3